国宏智库丛书（2023）

U1070166

交通运输强化供需适配性相关问题研究

JIAOTONG YUNSHU QIANGHUA GONGXU SHIPEIXING XIANGGUAN WENTI YANJIU

李连成　宿凤鸣　等　著

中国计划出版社

·北　京·

图书在版编目（CIP）数据

交通运输强化供需适配性相关问题研究 / 李连成等著. -- 北京 : 中国计划出版社, 2024. 12. --（国宏智库丛书）. -- ISBN 978-7-5182-1749-6

Ⅰ. F512.3

中国国家版本馆CIP数据核字第2025RH9097号

策划编辑：李　陵　赵超霖　周　娜　　　责任编辑：鲍艺星
封面设计：锋尚设计　　　　　　　　　　责任印制：李　晨

中国计划出版社出版发行
网址：www. jhpress. com
地址：北京市西城区木樨地北里甲11号国宏大厦C座4层
邮政编码：100038　电话：（010）63906433（发行部）
北京厚诚则铭印刷科技有限公司印刷

170mm×240mm　1/16　11.25印张　158千字
2024年12月第1版　2024年12月第1次印刷

定价：52.00元

前　言

供需适配是指供给与需求之间的匹配和适应，核心在于供给能够准确满足需求，从而实现资源的优化配置和市场的高效运行。供需适配对于促进经济增长、提高资源配置效率、增强市场竞争力具有重要意义。交通运输是国民经济中基础性、先导性、战略性产业，通过供给侧结构性改革实现交通运输行业高质量发展，对于促进和支撑新发展格局，形成需求牵引供给、供给创造需求的更高水平动态平衡，促进国民经济良性循环具有重要意义。

交通运输是需求牵引供给、供给创造需求的典型行业。运输需求具有派生性的基本特征，这是需求牵引供给的逻辑基础。同时，新的交通项目能够诱发运输需求，例如，按照经验推断其他交通量不足以支撑项目建设，但项目建成后改变了区位条件使沿线聚集了人口和产业，诱发了大规模的运输量。交通运输领域还有新技术新模式的应用扩大甚至创造出新需求。前者如高铁网络改变了客运市场结构，2000—2012年铁路客运量在国内客运市场的份额基本处于5%～7%，2013年高铁里程达到11028公里后铁路市场份额持续提高至30%以上，全国年人均出行次数由普铁时代的不到1次增长至高铁时代的2.73次（2023年）；后者如每一种新型交通方式的出现，都会创造新需求，既包括对运输的新需求，也包括对相关产业的新需求。

通过供给侧结构性改革，实现更高水平的交通运输供需适配，既是新阶段交通运输自身高质量发展的需要，也是交通运输供给更高质量服务和支撑中国式现代化的需要。我国交通运输发展经历了较长时期的瓶颈制约阶段，经过大规模建设和持续改革创新，21世纪以来，交通运输瓶颈制约得到缓解并实现总体适应经济发展，交通运输进入现代化建设和融合发展的新阶段。运输需求是多层次的，交通服务产业和与其相关的城市、区域等发展是多元的。在交通运输基本适应、融合发展的基础上，未来一个时期交通运输发展要围绕支撑国民经济运行循环，继续深化供给侧结构性改革，推动供给侧和需求侧同步协同发力，实现交通运输供给与需求动态化精准化供需适配。

本书是中国宏观经济研究院重点课题“交通运输强化供需适配性相关问题研究”研究成果，由李连成和宿凤鸣担任负责人，负责总体思路拟定、框架结构设计和主要观点把关。全书共6章，具体各章执笔人分别是：第一章，宿凤鸣；第二章，唐幸；第三章，马艺菲；第四章，刘昭然；第五章，马德隆；第六章，费炟。

研究期间，课题组多次召开内部会议进行讨论，对一些重要框架和观点进行充分讨论，在重要研究节点多次听取宏观经济、产业、交通运输等领域的专家咨询建议。例如对交通运输供需适配的维度经过了数次调整，最终呈现给读者交通运输“四维”供需适配分析框架，交通运输在空间、时间、价值、环境等维度上精准供需适配，满足经济社会对交通运输的多样化需求。为推动交通供需适配性的正向强化，提出拓展和优化交通服务覆盖范围，强化供需在空间上的适配性；提升交通效率和合理化交通时效，强化供需在时间上的适配性；降低交通运输成本和发展多样化交通，强化供需在价值上的适配性；降低对环境负面影响，强化供需在环境上的适配性。本书践行近年来中国宏观经济研究院综合运输研究所从经济视角分析交通的理念，从分析框架构建到推动实践等层面提出了课题组的见解，从产业、区域、新技术、制度建设等方面进行了探讨，旨在为推动中国交通运输现代化以及实现交通运输更好服务支撑中国式现代化作出国家高端智库的贡献，敬请读者批评指正。

李连成

2024年8月

目　录

第一章
交通运输强化供需适配性相关问题研究概述

内容提要： 立足新发展阶段、贯彻新发展理念、构建新发展格局，推动高质量发展，要求提升供给体系对国内需求的适配性。交通运输作为经济社会发展的基础性、先导性、战略性产业，在强化供需适配性方面应当发挥重要作用。本章在理论分析框架下明确交通运输在强化供需适配性中的功能作用，梳理交通强化供需适配性的发展现状和存在问题，分析新发展阶段供需适配对交通的要求，从空间布局、时间维度、价值维度、环境维度四个角度出发，提出增强供需适配性的交通力提升路径，并在制度供给方面给出了相关建议。

一、交通运输强化供需适配性的理论分析框架

习近平总书记强调，推动国内大循环，必须坚持供给侧结构性改革这一主线，提高供给体系质量和水平。从国内大循环来看，坚持供给侧结构性改革，要不断提升供给体系对国内需求的适配性，形成需求牵引供给、供给创造需求的更高水平的动态平衡。从国际大循环来看，通过供给侧结构性改革促进经济高质量发展，有助于在提升本国经济国际竞争力的基础上，全面提高对外开放水平。交通运输是国民经济的基础性、先导性、战略性产业，是

重要的服务性产业，在多个维度上对供需适配性有显著影响。

（一）供需适配性涵义

1.供给与需求的关系

经济学中的供给是指生产者在某一特定时期内，在每一价格水平上生产者愿意并且能够生产的一定数量的商品或劳务，或生产出一定数量的商品后愿意并且能够售出的商品或劳务数量。经济学中的需求是在一定时期内，在每个价格水平下，消费者愿意并且能够购买的商品或劳务的数量。供给与需求，是市场经济的一对矛盾统一体，两者互为表里，同生并存。无论是在哪一种社会形态中的经济活动，都是供给与需求动态平衡的过程。供给与需求之间会保持一定的平衡，也是所有社会经济活动发展的基本规律。如果二者之间出现了失衡的情况就会对经济发展造成非常大的影响，甚至会导致危机的出现。经济学各大流派都就相关内容进行了非常深入的研究。

西方经济学在对供给与需求经济学理论进行研究的过程中，主要是将效用价值论作为重要的基础，通过构建数学模型研究供给与需求决定均衡价格的过程，进而对二者进行静态均衡分析。供给需求量的平衡点形成了市场价格，伴随着供需的不断变化，市场价格也会随之而变。影响较大的主要包括萨伊定律和凯恩斯主义。

萨伊定律的核心思想是“供给创造其自身的需求”，产品生产本身能创造自己的需求，由于市场经济的自我调节作用，不可能产生遍及国民经济所有部门的普遍性生产过剩，而只会在国民经济的个别部门出现供求失衡的现象，而且即使这样也是暂时的。根据萨伊定律，在一个完全自由的市场经济中，由于供给会创造自己的需求，因而社会的总需求始终等于总供给。

凯恩斯主义是对萨伊定律的革命。从企业方面来看，总供给的水平是否会造成生产过剩，完全取决于社会总需求的水平。有效需求是指商品总供给价格和总需求价格达到均衡状态时的总需求。总需求由消费需求与投资需求组成。有效需求不足，即因为货币购买能力不足，由此导致了萧条。凯恩斯主义认为经济危机和非自愿失业现象的客观存在，主张通过刺激“有效需求”来解决这两个难题。

马克思主义政治经济学拓展了西方经济学的供需研究，分析了社会再生产过程中生产、分配、交换和消费四个环节之间的辩证关系，深刻分析了供给与需求在数量和结构上的平衡问题。

近年来，我国深入推进供给侧结构性改革。我国经济增速自2010年以来波动下行，需求结构已发生明显变化，供给和需求不平衡、不协调的矛盾和问题日益凸显，需要在适度扩大总需求的同时加快推进供给侧结构性改革，用改革的办法矫正供需结构错配和要素配置扭曲，减少无效和低端供给，扩大有效供给和中高端供给，提高全要素生产率，增强供给结构对需求变化的适应性和灵活性，实现更高水平的供需平衡，推动我国社会生产力水平实现整体跃升，增强我国经济持续健康发展的内生动力，使我国供给能力更好地满足人民日益增长的美好生活需要。

2.供需适配性的概念与特征

（1）概念。

供需适配性不仅是总量平衡的含义，还是更精准、更系统、更灵敏的平衡，可进一步细化为供给体系对需求的适应性和匹配度，“适”在于及时顺应当前发展阶段的时代特征，“配”在于有效满足需要。具体而言，指在当前发展新格局、新阶段下，在一定场域范围内供需两侧对象之间遵照相应条件或目标，经济供给与需求之间表现出来的契合与匹配的性质，其主要表现形式是供给体系作用的有效发挥，即供给总能力、供给结构层次、供给应对需求变化能力的显著提高，资源配置效率的提高和结构改善。

这一定义表明供给和需求的适配必须具备两个基本条件：一是具备合适

性，供给应当适应需求的变化，实现合理配置和流动；二是具备有效性，保证“合适”的供给在当前发展格局和发展阶段中处于可供应状态。

（2）基本特征。

第一，动态性。供需适配性是反映供给与需求之间配合关系的概念，这种关系是处于变动中的，因此供需适配性会表现出较强的动态性，是在满足特定约束或支撑条件下建立稳定互动或配对关系的过程。不但包括供给在形成过程中的动态性，还包括需求变动对供给提出的要求变动。因此，供需适配性的强弱是相对而非绝对的。

第二，多维性。供需的适配性具有多维的表现形式，实现供给在规模、结构、空间、时序、价值等维度上对需求的相对稳定互动适配，适配的范围因此存在边界。此含义是在供需总量相对平衡的情况下，一是强调适配是在一定空间维度上形成的，在一定边界内克服空间阻隔；二是强调适配完成需要考虑时间维度，通过多种手段调整需求和供给之间的时间差；三是主要从价值角度强调结构上供给适应需求变化，出清过剩产能，满足多样化、个性化、高端化的需求；四是强调供需之间的互动必须满足环境承载力的限制，以相对更少的要素投入、更低的资源消耗、更小的环境污染，实现经济、社会、环境之间的协调均衡发展。

第三，异质性。在衡量供需是否适配的问题上，需要采用差异化的评价标准，在不同阶段、不同区域、不同领域，供需适配性因时因地因对象强弱表现不同，需要在特定约束或支撑条件下来评判供需适配性。

（二）交通运输在强化供需适配性中的功能作用

1. 交通强化供需适配性的作用机理

经济循环体系中的供给和需求，始于初始资源终于消费市场，链路上下游各个环节之间互为供需。根据马克思主义政治经济学再生产“四环节”理论，交通属于交换环节，是连接生产和消费的中间环节，发挥供需对接桥梁和纽带作用，提升供需匹配性，畅通国民经济供需循环。

交通运输在空间、时间、价值、环境等维度上影响供给和需求的匹配，满足经济社会对交通运输的多样化需求，优化供需在规模、结构、布局、时序、环境影响等方面的适配性，形成需求牵引供给、供给引导需求的相对稳定互动供需适配关系，促进国内国际双循环更高质量更高水平运行。在空间意义上，交通作为区位影响因素与区域经济空间结构关系紧密，影响供需在空间上的适配性；在时间意义上，交通运输消耗的时间是供给和需求之间时间差的重要部分；在价值意义上，交通运输所消耗的建设和运营等成本是供给成本的构成部分以运费的形式体现；在环境意义上，交通运输的环境影响是决定是否能够在环境容量内提供供给以满足需求的重要方面。因此，良好的交通运输条件能够对供需适配起到正向增强作用。本部分探讨交通运输强化供需适配性的作用机理，为度量和研究交通运输在强化供需适配性中的作用进行理论分析。

（1）交通缓解供需空间错位问题。

在空间维度上，交通运输作为供需适配区位影响的主要因素，应引导、实现供给对需求的空间适配，尤其是我国不同地理空间的经济社会发展阶段不同，相应供需体系处于不同发展状态，需要交通运输发挥不同的支撑引导作用。在现代化经济体系密集布局规模经济和分布式网络化生产组织体系两种主导力量的双重要求下，在区域、城市群、城乡等不同空间尺度下，需依托交通运输组织客货交流，克服供需空间错位阻隔，引导空间协调发展、提升空间联系。

在规模经济情况下，随着分工细化和合作增强的产业链结构变革，需要在地理空间形成占地更广的不同环节产业高度集聚的合理布局，初始资源与消费市场之间的空间阻隔通常距离较远，形成对原材料等大宗商品的远距离运输、上游中间产品向下游发送、终端产品向终端需求传送等三个层面的运输要求，这种情况主要通过交通优化区域间联系，推动区域协调发展。

依托电子信息、人工智能等新科技发展，分布式供给和终端分散化需求将进一步增长，生产能够实现本地销售、组织分散化、网上销售平台并联集聚，区域性“产消一体化”分工模式不断深化，初始资源与消费市场之间的空间距离通常较小，运输要求主要集中体现为较小空间边界内的中间产品接续运输和终端产品向终端需求传送两个层面。这种情况主要通过交通优化城市群和城乡空间布局，促进一体化发展。

（2）交通优化供需时间确定程度。

在时间维度上，以空间的相对位置固定为前提，交通运输通过影响流通效率改变供给和需求间的时空距离，缩小供需之间时间差、提升供需对接时间的确定性，通过物流、客流和信息流的稳定交换，结合仓储、配送、信息服务等实现运输速度提高、可预期性提升，缩短客货运输行程时间、提升运输效能和时间确定性，提升经济供需在时间维度上的适配性。

供给和需求的适配最终是由实体对接来实现供给满足需求，且需要发生在具体的时点上，因此一般都有时限要求，同时是否适配也是在一定时间内衡量的，是动态的。为实现供需的适配，需要考虑交通运输消耗的时间。一方面，交通很大程度上影响供给和需求对接所消耗的时间，更快速的交通运输能够降低在途时间，缩短供需适配所需时间，强化供需适配性。另一方面，交通能够影响供给和需求对接的时间确定性。需求在时间分布上具有差异性，存在波峰和波谷，由此带来了交通运输需求在时间分布上的多变。从优化和稳定产业链供应链的角度看，应促进物流和信息流的交换，在正确的时间和地点，生产和配送适当数量的正确产品，提高效率效益，同时交通配合仓储提升可预期性，平缓需求时间分布差异；从旅客空间移动的角度看，应促进波峰与波谷需求的平稳化分配，并提升交通基础设施供给的使用效率，避免造成较大供给差异，导致供给闲置，同时可通过交通供给政策引导需求在时间上的平均分配（例如朝夕车道、公共交通峰谷价），提高供给与需求在对接上的时间确定性。尤其在现代化经济社会中，当信息化发展达到一定水平，在某些场景下，要求交通运输的供给能够达到一定程度的实时可获得性，供给和需求之间的时间差将进一步缩小，其适配性得到进一步强化。

（3）交通改善供需价值匹配状况。

在价值维度上，交通运输的价值在需求侧作为追加价值转移到所运商品中或作为个人消费被消耗，以运价体现；交通运输的价值在供给侧通过建设和运营等成本以供给成本的形式体现，赋予供给侧新增价值，实现有效经济总量的提高。

交通运输产品的生产由下部交通基础设施和上部交通运行与运输服务系统两部分组成。下部交通基础设施受资源、投资、网络化等限制，不能实行最广泛竞争，具有一定的垄断特性，同时，交通基础设施具有较强的基础性，要确保公共利用。交通基础设施使用费会传导到运输产品，但其建设成本通常较难通过运营回收，通常由政府承担部分供给义务，成为经济社会发展的公共成本，其供给成本要与地方经济社会发展需求适配。交通运输系统设计和建设整体应考虑适度需求，充分考虑交通基础设施建设和运营的经济、财务可持续性，避免浪费或不足。

上部交通运行与运输服务系统如铁路、公路、航空、水运等运输生产经营具备市场化经营条件通过运费回收成本，但运输服务具有一定公益性，运价收费常常不能覆盖运营和建设的所有成本。从交通运输产品价格角度看，其与成本直接相关，降低交通运输运价有助于降低市场均衡价格，形成更多与消费能力相适应的有效供给。通过提升服务水平，提供多种与价格更具匹配度的不同速度、不同品质的运输服务，形成更多与消费需求相适应的有效供给，实现价值链的提升。

（4）交通提升供需环境适应情况。

在环境维度上，交通运输作为供给体系的构成部分，需综合考量环境对交通运输产生的噪声、废水、废气、固体废弃物等的承载力，供给对需求的适配应不超过环境容量。一方面，应将交通运输对环境带来的负面影响考量纳入规划、建设、运行、维护的全过程中，根据不同地区生态环境的承载力、交通运输服务需求总量施以相适配的需求管理政策，提供与环境相适应的交通供给能力。如大城市的限行管理、较严格的排放标准、自然保护区对交通建设的限制等。另一方面，应结合不同运输方式的环境影响程度，进行不同地区运输系统的结构优化。例如，城市交通活动规模大应优先发展公共交通和低碳交通方式；东部地区城市群人口集中、交通需求量大，在满足环境承载力限制的条件下，发展绿色低碳交通更为迫切和必要。

2.正向强化供需适配性的有效交通运输特征

良好的交通运输系统对于供需适配能够起到较为明显的正向影响作用。运输需求是经济社会发展需求的重要组成部分，交通供给是经济社会供给体系的组成部分。交通运输能够发挥对供需适配的正向强化作用，主要体现在交通运输供给适配交通运输需求，具体表现为在哪里提供交通服务、提供什么速度和具有什么价值的交通服务，以及是否满足环境承载力限制等。

交通供给满足交通需求的过程，是社会经济关系交换环节的组成部分。从运输需求的变化来看，它一般是随着经济与社会的发展和进步而缓慢、可持续地发展的，只有在极特殊的情况下才会出现跳跃式的增长。各种运输方式供给的增长则不然，某一种运输能力的提高和供给量的增加在一般的情况下跳跃式地呈现为一条线路的建立和投入使用、一批运输设备投入运行等，这往往会使该运输方式的供给能力迅速达到一个新的水平。因此，交通供给要适配交通需求，不仅仅是适应交通运输需求，还应对交通运输需求起到引导作用。具体表现在以下几个方面。

一是交通运输空间布局应与产业布局、人口分布等因素相适应。交通运输空间布局主要依托交通基础设施布局来实现，交通基础设施的规模和面积密度，应与我国区域经济社会发展水平和经济地理格局基本适应。主要从供给侧出发分析和解决通达性和优势度的问题，在不同空间尺度上推动相关供需矛盾改善，从而实现对供需关系的动态调整。通达性是空间区域下交通运输供给是否充分的问题。具体来看，交通运输通达性主要是对交通运输网络、交通运输服务进行分析，依托有效的单一或组合运输方式便捷地到达物理空间目的地即为通达性高。优势度是空间区域下交通运输供给是否均衡的问题。优势度是集成性概念，主要在实现目标到达的基础上，分析交通运输对经济社会活动的支撑和保障能力，当一定空间内不同区位的交通优势度水平差别较小时，交通运输供给更能均衡保障需求。

二是交通运输效率应全面提升，推动交通供给侧结构性改革，优化提升出行链和供应链整体效率，满足人员交流、物资流通的降本增效要求。一方面，通过优化枢纽场站选址和交通通道布局，使不同区域和不同交通运输方式网络之间实现有效支持和协调，进而优化网络资源配置、实现网络高效运行。另一方面，通过能源、材料、技术等的创新应用，对既有交通运输设施装备迭代升级或催生新的交通运输方式选择，随之带来新的运输服务。另外，通过信息通信、人工智能、大数据、云计算等技术手段，创新运输组织模式，提供相较于传统运输模式更智能、更安全、更高品质、更多元化的运输服务。

三是交通运输结构应进一步平衡，实现效益提升、成本降低。各种运输方式依照其不同特点综合发展，促进系统更快速、更便捷、更安全、更绿色的发展，构建社会效益最大、外部成本最小的运输系统，以尽可能低的资源消耗和环境成本支撑国民经济和社会发展，实现交通与资源、环境的协调发展。

二、交通运输强化供需适配性的发展现状和存在的问题

改革开放以来，我国交通运输发展迅速，目前从空间、时间、价值、环境等四个维度已对供需适配性产生了正向强化作用。进入新发展阶段后，随着经济发展模式的变化，在某些情景下，交通运输的正强化作用可能有所削弱，同时可能存在供给滞后或超前于需求的情况，存在可提升空间。

（一）供需空间错位问题进一步缓解

1.东中西部和南北方布局存在差异

改革开放以来，我国东部产业集聚发展全国领先，面向全球市场，在经济高速增长时期，产业（尤其是重工业）通常在沿海一带集聚，形成若干据点式沿海经济区。随着集聚的进一步加强，经济区内部各产业要素逐渐向内陆腹地延伸，形成相对完善的产业体系。为满足供给和需求适配的空间要求，在交通建设中，我国长期按东、中、西地理格局构建干线交通体系，从“五纵五横”到“十纵十横”均是这种思路的表现。

经过多年发展，我国综合交通网络逐步建立，交通基础设施规模、面积密度和发展水平，与我国区域经济社会发展水平和经济地理格局即“胡焕庸现象”基本适应，东部优于中西部、南方优于北方。目前高速铁路主要都在“胡焕庸线”以东，国家高速公路、普通铁路、民用运输机场在“胡焕庸线”以东区域较为密集、以西区域面积密度较小。这与我国人口分布和经济布局相适应，能够有效支撑经济社会发展需要。

近年来，中西部与东部之间，南北方之间交通基础设施发展差距不断缩小。根据表1-1，中西部等非沿海经济带的发展进程明显加快，交通基础设施建设力度不断加大。我国铁路、公路、水运合计货运需求比重表现为东部地区下降，中、西部地区上升，东北地区货运量比重下降的趋势。

表1-1　我国交通运输分区域基础设施存量情况

单位：万公里

年份	铁路营业里程			公路里程		
	东部	中部	西部	东部	中部	西部
2000	1.67	1.98	2.21	48.76	36.12	55.39
2022	4.43	4.76	6.30	134.12	169.50	231.87

根据表1-2，北方省市铁路规模增速更快，南方省市高速铁路网络、公路网络、高速公路网络规模和增速均高于北方。南北地区干线交通差距正在缩小，但提升区域通达性和灵活性的公路规模差距仍存在。

表1-2　南北方综合交通运输网络对比情况

具体指标	比较内容	单位	南方	北方	比值（北方：南方）
铁路营业里程	2018年	公里	57950.4	77549	1.338
	2020年	公里	64209.9	87522.4	1.363
	增加幅度	%	10.80	12.86	—
高速铁路里程	2018年	公里	15429.18	10996.8	0.713
	2020年	公里	22471.3	15572.6	0.693
	增加幅度	%	45.64	41.61	—
公路通车里程	2018年	公里	2954662.5	2138917.63	0.724
	2020年	公里	3252237.23	2212054.02	0.680
	增加幅度	%	10.07	3.42	—
高速公路里程	2018年	公里	81708.9	66215.427	0.810
	2020年	公里	98568.982	72552.33	0.736
	增加幅度	%	20.63	9.57	—

续表

具体指标	比较内容	单位	南方	北方	比值（北方：南方）
民用运输机场数（已建成的）	2018年	个	131	120	0.916
	2020年	个	137	123	0.898
	增加幅度	%	4.58	2.50	—
已开通运营的民用运输机场数	2018年	个	130	119	0.915
	2020年	个	136	123	0.904
	增加幅度	%	4.62	3.36	—

2.配合城市群发展集中布局

城市群、都市圈成为交通运输供给和需求重点发展的空间载体，生产组织和商务出行区域化态势不断增强。根据2022年中国城市发展潜力排名发布的相关数据，2022年，中国19个城市群以全国25%的土地面积集聚全国83%的人口，贡献全国88%的GDP，城镇人口占比84%。城市群成为经济活力最强劲的区域之一，其交通运输供给水平较高，快速化交通和品质化服务发展加快，同时区域物资往来和人口流动的规模和强度也更高。

城市群、都市圈交通运输供给关系新单元加快形成，高速铁路、航空发展为跨区域城市群之间的交往联系提供了有效保障，内畅外达的城市群综合交通运输体系逐步建立，居民出行半径、出行需求、出行方式逐步拓展，提供丰富多样的轨道交通和公路等服务供给，以城市群、都市圈为尺度层级的交通运输供需关系发展成为主要趋势。

3.城乡维度交通供需不断优化

在新型城镇化建设推动下，随着基本出行需求的有效保障，城乡维度的交通运输供需调整持续深入。城乡一体化推动既有二元供需关系突破性调整，随着城乡交通运输发展差距不断缩小，城市和农村的交通运输供给差距逐步缩小，形成一体化系统，需求侧则在城市和农村层面更加细分，由此形成新的供需关系。全面建成小康社会目标实现后，从全国范围普遍情况来看，交通运输对经济社会发展的瓶颈制约已全面扭转，具备条件的建制村通硬化路、通客车、直接通邮等发展任务和脱贫攻坚兜底性目标基本实现，基本公共服务需求初步得到保障，交通运输“走得了”的供需矛盾已全面得到缓解，逐步转向解决“走得好”的矛盾。

4.海陆空国际运输网络基本形成

我国海上航线走向大体可分为西线、南线、东线。海上贸易通道承担了我国大部分货物运输，在2021北外滩国际航运论坛“安全与合作”专题论坛上，交通运输部海事局负责人表示，作为全球贸易最主要的载体，国际海运承担了我国约95%的外贸货物运输量。同时，我国也正在积极发展陆上国际货运通道，主要有东南亚、南亚、中亚和西亚以及东北亚四大方向的线路。航空方面，“十三五”期间，我国国际民航航线由660条增加到953条，国际客运市场份额由46%增加到了53.5%。中国民航局称，2024年春运以来，我国国际定期客运航班稳步恢复。目前，国际定期客运航班共通航64个国家。

5.小结

一直以来，我国供给体系是东部地区面向全球需求市场提供商品，中西部地区主要作为东部地区的供给后方为其提供商品，供需在东部、中部、西部空间布局上的差异，形成了“东—中—西”大规模资源、能源、劳动力的运输需求，交通起到了强化供需空间适配的作用。但随着经济发展进入转型阶段，供需关系发生快速调整，从基础设施布局建设情况来看，立足区域经济社会发展和人口流动需要，交通运输供不应求和供过于求的情况同时存在，需要进一步优化交通供需的空间适配性。

（1）东中西部与南北方差异存在不合理之处。

一是“胡焕庸线”以西部分区域交通基础设施建设存在一定程度供给超

前。每人或每车、每经济单位所拥有的铁路、高速公路、民用运输机场资源高于全国平均水平（西部地区每经济单位拥有的铁路、高速公路、民用运输机场资源是全国平均水平的1.8～4倍），更高于东部地区。根据2022年经济和交通相关统计数据，全国平均单位GDP铁路路网密度为1279.95公里/万亿元，西部和中部的年单位GDP铁路路网长度分别为2451.50公里/万亿元和1610.92公里/万亿元。从单位GDP公路（无村道）密度来看，西部地区单位GDP路网密度为90227公里/万亿元，高于全国平均水平（44248公里/万亿元）。从民用运输机场的单位GDP机场密度来看，全国平均单位GDP民用运输机场密度为2.10个/万亿元，其中，东部地区为1.00个/万亿元，西部地区为5.06个/万亿元。

二是"胡焕庸线"以西地区近年来发展显示出巨大的内需空间和发展潜力，依托交通运输改善内陆地区供需空间适配性仍然具有急迫性和重要性。既有综合交通网络对内陆城市保障不足，内陆枢纽组织配置功能有待进一步提升，多层次客运服务供给仍需优化。2021年，党中央、国务院出台《国家综合立体交通网规划纲要》，规划到2035年形成6条主轴、7条走廊、8条通道的国家综合立体交通网主骨架，以"十三五"时期规划的"十纵十横"综合运输大通道进行统筹，其中"六纵三横"实现铁路干线和国家高速公路贯通，"六纵五横"实现国家高速公路贯通，截至2024年1月"八纵八横"高铁主通道已建成约80%。未打通路段主要集中在项目建设难度大和通道末端等区域，大多数集中在我国西北、西南、东北和沿边等地区。其中，西部地区青海与西南地区、宁夏与陕西、四川与西藏等联通通道建设相对滞后，东北地区黑龙江与内蒙古联通通道、吉林与内蒙古联通通道、进出山海关的通道等建设相对缓慢，沿边地区新疆、内蒙古、云南和西藏等综合运输大通道"最后一公里"有待打通。

三是东部地区供需两旺，高峰时段交通运输供不应求情况突出。重大交通枢纽沿海密集分布，东部地区通道与沿海重大交通枢纽有着密切的联系。其中，东部地区的京沪和沿海等通道部分路段承载能力已饱和或接近饱和，京港台通道中段运力供给紧张，在重大节假日和出行高峰时间段，京沪、沿海和京港台等通道的高速铁路“一票难求”的现象仍然时有发生。

（2）城市群交通存在单一供给对应多种需求情况。

城市群交通不仅需要满足区域经贸往来和人口流动，也需要解决短途及通勤客流问题。城市交通与城际交通发展相互交织，特别是经过大城市、特大城市的部分路段运力最为紧张，存在短途客流大量挤占通道运力的现象。

（3）县域和农村交通供给有待提升。

随着以县城为重要载体的城镇化不断发展，县域交通运输供不应求的矛盾集中显现。农村交通运输供需体系发生深刻转变，基本公共服务需求与美好生活需要同时存在，对交通运输供给提出更高要求。

（4）国际空间交通体系需要进行拓展。

在国际运输中，我国的市场参与程度较低，话语权不高，既有的资源配置能力难以推进交通运输参与对外开放发展，需要结合产业发展，提升对国际运输链供应链的控制力，以大宗物资为重点，提升运输主导权，加快形成快递全球网络等，形成国内国际交通有机联通，强化陆上国际通道建设，全面提升我国参与国际运输的发展韧性。

（二）供需时间可靠程度进一步优化

1. 交通全程速度不断提升

我国交通运输服务不断提速，进一步缩短了供需之间时间差。

一是高等级交通服务占比不断提高。截至2022年底，全国铁路营业里程15.5万公里，其中高铁营业里程4.2万公里。铁路复线率为59.6%，电化率为73.8%。全国公路总里程535.48万公里，高速公路里程17.73万公里（见表

1–3）。全国内河航道通航里程12.80万公里，颁证民用航空机场254个。高速铁路营业里程、高速公路通车里程、内河通航里程均位居世界第一。

二是客货运输方式间、方式内的衔接中转配合更加顺畅，尤其是综合运输枢纽的建设进一步改善了运输服务质量，实现了客货运输“门到门”的便利。货物集装箱多式联运也取得一定进展。《“十三五”现代综合交通运输体系发展规划》明确提出，按照零距离换乘要求，在全国重点打造150个开放式、立体化综合客运枢纽；推进多式联运型和干支衔接型货运枢纽（物流园区）建设，加快推进一批铁路物流基地、港口物流枢纽、航空转运中心、快递物流园区等规划建设和设施改造，提升口岸枢纽货运服务功能，鼓励发展内陆港。

表1–3　高等级交通运输设施比重的变化

年份	铁路营业里程/万公里	快速铁路营业里程/万公里	铁路电气化率/%	公路里程/万公里	高速公路里程/万公里	高速公路比例/%
1980	5.33	—	3.19	88.83	—	—
1985	5.52	—	7.43	94.24	—	—
1990	5.79	—	11.92	102.83	0.05	0.05
1995	6.24	—	15.54	115.7	0.21	0.18
2000	6.87	—	21.69	140.27	1.63	1.16
2005	7.54	—	25.73	334.52	4.1	1.23
2010	9.12	—	35.86	400.82	7.41	1.85
2015	12.1	2.36	60.8	457.7	12.4	2.71
2020	14.6	3.8	72.8	519.81	11.30	2.17
2022	15.5	4.2	73.8	535.48	17.73	3.31

注：2008年8月1日，第一条设计时速350公里高速铁路即京津城际投入运营，第一条设计时速250公里的合宁客运专线也开行了动车组。

2.交通供给更具可靠性

一是交通通道更加多元化。我国国内综合运输大通道基本涵盖了铁路、公路等多种运输方式，“十纵十横”综合运输大通道中的“六纵三横”实现铁路干线和国家高速公路贯通，基本实现了高速公路与普通公路的系统统筹配合，统筹利用普速铁路、高速铁路和城际铁路等轨道交通方式的能力，更好服务不同城镇空间经济社会发展需要。目前正在通过高速通道的加快建设释放既有通道能力。国际大通道正从以海运为主向海陆并重发展，陆上通道包括东南亚、南亚、中亚和西亚以及东北亚等多个方向的线路。中欧班列从2011年的17列发展到2022年的1.6万列。

二是交通运输通道组织进一步完善。应用电子信息等先进科学技术、组织管理手段等对通道进行了深度挖潜和精细化改造，提升运输通道对资源配置的系统效率和整体效益。在部分高速公路路段，运用大数据技术，合理设置车道数和潮汐通道，构建更为科学的弹性通道网络。在重大节假日和拥挤时间段，及时发布重要通道运能信息，引导居民合理安排出行时间和行程，调节通道车流量，提高综合交通路网的通畅水平。合理配置轨道交通的运行区段、停靠站点和运行时刻，在大城市周边地区创新供给市域（郊）列车，有效缓解都市圈和城市群的城际客流与综合运输通道长距离客运之间的矛盾。根据货运需求情况，对普通铁路进行设施电气化改造、技术装备更新等。优化对外运输通道的关键节点布局，提高跨国运输服务的稳定性和可靠性。

三是交通运输发展韧性不断提升。通过总结交通运输领域新冠疫情防控和应急响应等方面的经验，重点加强交通运输领域应对突发公共事件的能力，增强对于高峰时段、突发事件的消化和处理能力，提升综合交通整体运转能力。优化完善突发事件应急响应管理配套政策体系，着重发挥政府宏观管理能力，强化企业、社区等社会各方面主体参与，运用相关企事业机构专业化经验和能力，提高应急响应情况下资源调配整体效率效益。同时，引导地方形成不同层级的应急响应具体实施方案，整体提升综合交通运输体系和城市交通的相关设施建设平战结合能力，结合产业布局构建物资调配通道，构建平时和突发公共事件响应需求有机转换的韧性交通运输体系。

四是交通运输安全性显著增强。坚持预防为主、综合施策，深化和完善交通运输平安体系建设，持续完善安全生产风险管控和隐患排查治理双重预防控制机制，下大力气减少重特大交通运输安全事故，及时防范化解交通重大安全风险，有效应对处置各类灾害事故。近年来，交通事故尤其是重特大交通事故起数连续下降，事故死亡人数下降。

3.小结

近年来交通运输速度效率不断提升，高速公路、高速铁路占公路、铁路里程的比例持续增长，枢纽衔接水平不断提升，交通运输组织不断优化，“门到门”全程出行链、运输链进一步优化，交通运输的发展提升了供给体系服务，提高了商品提供速度，缩短了供需之间时空距离。但交通枢纽衔接、全程一体化等方面仍存在短板，需要进一步改善。

同时，信息化和智慧化发展提升了运输时间的准确性和可靠性。但目前信息化与交通运输现代化发展融合不够、互动不足。由于认识不够、研发投入不足、相关背景的专业技术人才和复合型管理人才奇缺等因素影响，信息化仍处于局部应用阶段，与交通发展的融合程度不高、良性互动不够，交通服务还未实现真正的网络化、数字化、智能化。

（三）供需价值匹配状况进一步改善

1.交通基建投资不断提速

我国交通运输行业[①]的固定资产投资规模继续增长，但在全社会固定资

① 交通运输行业包括铁路运输业、道路运输业、城市公共交通业、水上运输业、航空运输业和管道运输业以及装卸搬运和其他运输业。

产投资中占比有所下降。1981—2011年，我国交通运输行业的固定资产投资共计15.97万亿元，约占全社会固定资产投资的9.11%。“十二五”期间，交通运输行业的固定资产投资超过12.5万亿元，是“十一五”期间的1.6倍。“十三五”期间，交通运输行业的固定资产投资为16万亿元左右，约占全社会固定资产投资的5.36%。2022年，全年完成交通运输行业的固定资产投资达38545亿元，比上年增长6.4%，其中公路水路固定资产投资为30205亿元、增长9.8%。交通运输的发展保障和促进了经济社会的发展，并对经济发展起到引导性作用。

2.运输价格较为稳定

根据相关研究，2022年我国社会物流总费用为17.8万亿元，其中运输费用为9.55万亿元，占比53.65%。

进入21世纪以来，铁路货运多次调整运价。我国铁路客运运价实行的是以典型的成本加成为主、以局部性的价格幅度管理为辅的定价方式。其中，成本加成主要考虑了弥补运营成本、实现简单再生产的保本微利目标。而价格幅度管理主要考虑了调节供求关系，即通过浮动机制缓解客运能力在时间上或区段上的不均衡分布所造成的瓶颈效应。

我国公路运价目前除个别领域外，已接近完全竞争市场，且处于基本稳定、合理浮动的状态，但由于公路货运领域超载严重、车辆排放和污染相对较大，公路运价实际上远低于其全社会成本。旅客公路运价是基于成本加成计算的。

我国水运货物运价采用级差运价和递远递减的距离运价相结合的计价方式，从20世纪90年代后期开始，我国相继推出了中国出口集装箱运价指数（CCFI）和沿海散货运价指数（CCBFI），反映运价水平变动趋势和程度。

我国公路、水运市场已接近完全竞争市场，运价处于基本稳定、合理浮动的状态。在推动物流降本增效方面，采取了取消电气化铁路还贷电价，铁路运输企业等额下浮铁路货物运价的方式，减轻铁路用户的负担。同时，相关部门和地方采取了高速公路的分时段差异化的收费试点，完善港口的收费政策，取消部分省区政府还贷的二级公路的收费，完善机场收费政策，清理规范涉及铁路、货运的收费等措施。交通运输服务的降价增效为推动物流降成本发挥了积极作用。

3.交通消费不断提升

随着收入水平的提高，交通和通信消费占可支配收入和人均消费支出的比例均逐步提高。从发达国家的经验来看，当收入达到一定水平后，交通和通信消费支出弹性会出现下降并趋于稳定。2022年，全国居民人均消费支出为24538元，人均交通和通信消费为3195元，占比13.02%。未来，随着全国收入水平的提高，交通和通信消费也将进一步提升。

4.小结

（1）交通系统偿债压力较大。

近年来，铁路建设投资保持高位运行，2022年末中国国家铁路集团有限公司（以下简称国铁集团）负债6.11万亿元，较上年同期的5.92万亿元增长3.21%。国铁集团负债率由2021年的66.33%增长至2022年的66.41%。随着更多的客运专线项目开通，如果价格政策不调整，国铁集团持续亏损，则会面临较大的偿债压力和风险。

随着高速公路里程增加和建设投资总额的扩大，收费公路债务余额持续上升。2021年末，全国收费公路债务余额79178.5亿元，比上年末净增8517.3亿元，增长12.1%。

目前我国港口行业出现分化，结构性产能过剩与不足并存。2022年，我国完成水路交通固定资产投资1679亿元，比上年增长10.9%；其中，内河港口完成867亿元，沿海港口完成794亿元。2023年前三季度，A股上市的16家港口公司合计实现净利润302亿元，增速由上年全年增长7.4%转为下降7.0%，其中5家上市公司盈利出现下滑，其余11家上市公司盈利上涨。行业的内部存在差异，整体经营能效有待进一步提升。[①]总体来看，以环渤海、东北地区为代表的北方主要港口不同程度面临着较大的偿债压力。

大型机场、主要干线机场相对收入较好，具有一定的盈利能力，基本能够维持正常经营。但许多支线机场需要地方政府补贴和民航发展基金支持，才能维持正常经营，尤其是在新冠疫情期间及之后的一段时间内经营困难较大。在机场还未形成盈利的情况下，债务主要依靠地方政府协调和其他渠道资金进行少部分偿还。

（2）铁路和水运低成本优势未充分发挥。

近年来，由于铁路运价不断上涨，且缺乏“门到门”的便捷性，相对公路的竞争优势逐渐减弱。我国物流平均运距（397公里）与美国（557公里）、日本（717公里）相差较大，在我国，更大一部分物流依靠公路进行短途运输，相对于其他国家运输成本较高。因此，如果能够进一步发展铁路和水运，我国的运输费用有望进一步降低。

（3）交通消费仍有提升空间。

高品质的美好生活将激发巨大的交通需求增长潜力，要求交通运输服务质量继续提高。同时，对于特殊人群出行保障有待提升，对老年人、残疾人等保障不足，特别是欠发达地区的老年人、残疾人出行仍是难点问题，对孕妇等行动不便者、家庭出行等特殊需求考虑较少，供给保障多样化水平仍有待进一步提升。

（四）对环境的不良影响情况进一步降低

1.交通规划建设积极降低对环境的不良影响

交通在工程建设期和项目运营期都会对环境造成影响，主要包括占地、

① 国际快递物流网．重磅：2023年沿海港口发展回顾与2024年展望［R/OL］．（2024-01-11）［2024-04-13］．https://www.gjkdwl.com/news/2023nian-55255.html.

施工造成的水土流失等，土石开挖造成的固体废弃物污染，施工活动造成的废气和废水排放等，施工机械和车辆噪声对局部声环境的影响等，以及后续的移民安置等造成的环境影响。运输消耗的所有能源和产生的排放会对沿线水环境、空气环境、声环境、水生态和陆生生态等造成影响。

交通基础设施建设者们都在积极采用各种保护措施，争取将工程建设对生态环境的影响减小到最低程度。在建设中优化选线，提升交通基础设施建设中绿色技术、绿色材料等的利用比重和水平，采用相关的环境影响消减等措施。以长江港口为例，2015年以来，长江干线港口经历了整治、规范的过程，生态优先理念深入人心，生态环保要求得以贯彻，生态绿色发展基础牢固。到2020年10月，已清理整治涉嫌违法违规岸线利用项目2414个，腾退长江岸线158公里，整改完成率98.9%。2022年，岸电应用全面推广，累计完成运输船舶受电设施改造1万余艘，沿江主要港口码头岸电设施基本普及，汽车滚装码头岸电设施实现全覆盖和标准化改造，船舶靠港使用岸电艘次、时长、度数同比分别增长57%、57%、14%。

2. 交通出行结构得到优化

回顾我国旅客出行结构的变化历程，可以发现自新中国成立至改革开放初，铁路运输在旅客运输市场上占有主导地位；改革开放后，公路运输和民航客运发展较快，铁路逐渐失去客运市场主导地位；进入21世纪以来，在我国铁路大提速、高速铁路加快发展等供给带动下，以及由于人民消费能力提高，快速性运输需求增加，铁路和民航客运市场份额不断提升，铁路占营业性客运量的比重总体上呈现了先下降再回升的“U”字形变化趋势。从旅客周转量结构来看，近年来公路所占比重有所下降，2022年公路比重为18.63%，同期铁路和民航比重不断增加，2022年分别为50.90%和30.29%，均超过公路比重。

改革开放以来，公路和水运快速发展，铁路货运比重逐渐下降。近年来，随着国家关于运输结构调整政策的不断深入，多式联运发展加快，铁路货运比重不断提高。2022年，铁路、公路货运量分别占货物运输量总规模的9.84%和73.27%，铁路货物周转量占货物总周转量的15.89%，但公路货物周转量所占比重仅为30.49%（见表1–4）。

在当前能源结构下，公路是能耗和排放最大的运输方式。对我国而言，长期以来交通运输业都是能耗量最大、发展最快的行业之一。2022年交通运输领域碳排放量约占全国碳排放总量的10.4%，其中，公路交通所产生的碳排放量占比超过80%，是我国交通领域碳减排的“核心战场”。近年来，公路营运客运占比有明显下降，但不包含非营运的私人小汽车的客运量。预计随着我国交通运输活动的不断增加，交通运输业二氧化碳排放量还将增长。

表1–4　我国货运需求结构变化

单位：%

年份	货运量占比					货物周转量占比				
	铁路	公路	水路	航空	管道	铁路	公路	水路	航空	管道
1980	36.30	46.39	13.88	0.00	3.43	70.61	4.23	19.07	0.02	6.06
1985	17.68	72.80	7.67	0.00	1.85	62.34	14.60	18.41	0.03	4.63
1990	15.68	75.33	7.35	0.00	1.64	58.79	18.59	19.10	0.05	3.47
1995	13.61	77.10	8.03	0.01	1.25	54.44	19.59	23.42	0.09	2.46
2000	13.37	77.77	7.44	0.01	1.40	50.54	22.49	24.45	0.18	2.33
2005	14.85	73.99	9.43	0.02	1.71	49.70	20.84	26.66	0.19	2.61
2010	11.44	76.89	10.08	0.02	1.57	28.84	45.27	23.40	0.19	2.29
2011	10.82	77.62	9.97	0.02	1.57	26.79	46.72	23.71	0.16	2.62
2012	9.68	79.03	9.74	0.01	1.54	24.24	49.45	23.50	0.14	2.67
2013	9.85	76.39	12.13	0.01	1.62	24.45	46.72	25.76	0.14	2.93
2014	9.32	76.07	12.79	0.01	1.80	21.90	45.21	29.30	0.15	3.44
2015	8.19	76.81	13.14	0.02	1.85	19.14	46.69	30.24	0.17	3.76

续表

年份	货运量占比					货物周转量占比				
	铁路	公路	水路	航空	管道	铁路	公路	水路	航空	管道
2016	7.74	77.58	12.97	0.02	1.70	18.51	47.51	30.54	0.17	3.26
2017	7.80	77.97	12.52	0.01	1.70	18.95	46.93	30.59	0.17	3.36
2018	7.81	76.79	13.64	0.01	1.74	18.87	46.64	30.85	0.17	3.47
2022	9.84	73.27	—	—	—	15.89	30.49	—	—	—

注：因数据四舍五入，故部分数据加总不为100%，全书同。

3.交通运输业单位能耗有所下降

交通运输业由数量庞大的移动小排放源组成，是仅次于工业的第二大用能部门，是我国碳排放的重点领域之一。交通运输量随着经济增长而持续增加，碳减排压力较大。近年来，我国不同运输方式单位能耗有明显下降。铁路运输能耗进一步降低，2022年国家铁路单位运输工作量综合能耗比上年减少0.17吨标准煤/百万换算吨公里。2022年，中国民航吨公里油耗为0.302公斤，较2005年（行业节能减排目标基年）下降11.4%，机场平均每客能耗较基线（2013—2015年均值）上升26.1%，每客二氧化碳排放量较基线（2013—2015年均值）下降21.6%。

4.小结

（1）统筹考虑交通规划、建设、运营及相应带来的经济活动变化对环境的影响。

统筹考虑交通项目和交通装备建造和生产的全过程、全生命周期所占用资源和带来的生态环境影响等，主要是四个方面：一是产业链上游的原材料生产和加工，二是交通设施设备建造和生产过程，三是运输过程，四是设施设备生命末期面临的拆解和循环利用。需要建立较为完善健全的全生命周期碳排放核算体系和管理办法。在此基础上对交通造成的生态环境影响进行全链条、全生命周期的综合考量，根据各个区域的环境承载力，进行针对性的调整和优化。

（2）交通出行结构优化，但改善趋势不明显。

客货运中，公路运输占据绝对优势，但在当前能源结构下，公路运输是能耗和排放最大的运输方式。2019年，我国交通运输领域碳排放总量为11亿吨左右，占全国碳排放总量的10%左右，其中公路占74%、水运占8%、铁路占8%、航空占10%左右。当前，以公路为主导的运输结构，带来大量污染物排放和噪声污染。虽然公路营运中的客运占比有明显下降，但该指标不包含非营运的私人小汽车的客运量。如将推算的私人小汽车客运量计算在内，则2017年公路客运量份额高达90%以上。随着我国交通运输活动的不断增加，交通运输业二氧化碳排放量还将增长。

（3）覆盖全成本的交通运输服务定价机制并未形成。

当前，我国各种交通运输方式的外部成本并未纳入其定价机制当中。货运方面，公路货运领域超载现象突出导致重大事故频发，二氧化碳和氮硫等污染物排放高，但实际运价水平偏低，大量外部成本并未由实际使用者承担。铁路、水运运输外部成本偏低，而现行运输价格完全是在不考虑外部成本和合理运输结构情况下，由市场供需决定，如果综合考虑外部成本，铁路、水运等运输方式承运比重将有所上升。客运方面，我国大城市地区私人小汽车拥车和用车成本较低，拥堵收费等价格机制手段并未发挥作用，是城市停车难和交通拥堵等大城市病的重要诱因。

三、新发展阶段供需适配对交通的要求

立足新发展阶段，贯彻新发展理念，构建新发展格局对供需适配提出新的要求，需要研究交通对供需适配所产生的作用，分析未来交通发展的思路。

（一）供需在空间维度上的变化趋势

1.以国内大循环为主体、国内国际双循环相互促进的新发展格局

党的十九届五中全会提出，加快构建以国内大循环为主体、国内国际双循环相互促进的新发展格局。这对于我国实现更高质量、更有效率、更加公平、更可持续、更为安全的发展，以及促进世界经济繁荣，都会产生重要而深远的影响。围绕高质量发展要求，我国将建设强大国内市场，扩大国内消费，同时统筹发展和安全，增加重要产品的自给，加快打造内陆地区对外开放新高地。2023年，我国全年货物进出口总额为417568亿元，比上年增长0.2%。其中，出口237726亿元，增长0.6%；进口179842亿元，下降0.3%。我国对共建“一带一路”国家进出口额达194719亿元，比上年增长2.8%，对《区域全面经济伙伴关系协定》（RCEP）其他成员国进出口额为125967亿元，比上年下降1.6%。

2.区域协调发展

进入高质量发展阶段，我国区域经济布局优化加快，区域协调发展不断深化。随着我国区域产业特色和细化分工进一步凸显，相互协调良好的区域经济，使地理位置、要素禀赋和产业结构不同的地区承担不同的经济功能，实现单个孤立市场无法达到的规模经济和集聚效应。从西部大开发、东北振兴、中部崛起、东部率先发展等地区协调发展战略，到京津冀协同发展、长江经济带、粤港澳大湾区、长三角一体化、黄河流域生态保护和高质量发展等一系列重大区域发展战略的实施，我国区域经济总量不断攀升，新的经济增长极增长带加快形成，投资发展新空间不断拓展。与此同时，区域板块之间融合互动，发展差距呈缩小态势，东西南北纵横联动协调发展的新格局正在形成。

3.新型城镇化

我国城镇化迈向中后期，人口主要向一二线大城市和大都市圈集聚。根据联合国预测，到2030年我国城镇化率将达约70%，对应城镇人口为10.2亿，到2047年城镇人口达峰值时将增加至约11亿。按照当前发展趋势，未来我国城市群集聚的人口以及城市群内部流动的人口，预计将主要集聚到千万级人口以上的大都市圈。在东部地区，北上广深津等大城市将可能继续呈现大量人口净迁入；其他城市，特别是外来人口众多的中小城市，人口增长有可能放缓甚至停滞。随着中西部地区经济发展及就近城镇化的推进，县域层面发展承载力进一步提升，在东部地区的部分外来务工人员可能回流，他们大概率首先会选择中西部地区的区域中心城市，重庆、郑州、武汉、成都等区域中心城市人口将快速增长，大都市圈加快形成。

（二）供需在时间维度上的变化趋势

1.产业链供应链畅通要求

产业链供应链是实现经济循环畅通的关键。提升产业链供应链畅通水平，从而提高供给质量，实现更高水平的动态平衡。一方面，提高传统优势产业的运行效率，推进其转型升级迈向更高端；另一方面，吸引新的产业资源聚集产生新产业，使整个产业体系更加有活力。以上两方面需要紧扣运输和衔接两个关键环节，大力提升运输链综合效率，努力缩短循环周期，提升经济运行整体效率，增强循环动能。

2.生产组织模式变化

现代服务业与分布式网络化的生产组织体系将逐步成为现代经济体系的另一种主导力量。大规模定制生产和个性化定制生产逐渐成为主流制造范式之一，本地生产就地销售，生产组织分散化渐成趋势，企业将以用户为核心、以散点形式分布。提高需求快速响应能力在市场竞争中更为关键，这要求企业将研发、设计、生产等布局到与终端消费更接近的地方。区域性“产消一体化”分工模式不断深化，这种模式下消费和生产组织更加要求缩小供需之间时间差。

3.战略性物资获得可靠性要求

保障国内外供需对接可靠安全畅通是保障国家经济安全的必要条件，尤其要保障国家战略性商品和能源的稳定供应。我国作为制造业大国，是全球能源商品、基础原材料和农副产品等大宗商品的最大买家，主要进口的大宗商品有原油、天然气、煤、铁矿石、铜矿石、铝矿石、橡胶、大豆和玉米等。大宗商品为制造业提供必不可少的生产要素，是打造制造业强国的重要保障，是大国博弈的重要战略资源，我国要打造制造业强国就必须拥有大宗商品供应链的控制权。“一带一路”沿线相关国家和地区是我国大宗商品的主要来源地，以“一带一路”沿线市场为重点进行全球布局，不断创新合作模式，将进一步确保我国大宗商品供应链稳定安全。

（三）供需在价值维度上的变化趋势

1.供给侧结构性改革

对于符合环保、安全、高质量等发展方向的先进产能，应提高供给效率，努力降低供给成本，降低供需均衡时的市场价格，实现具有更大社会福利的市场均衡。产品质量的升级要求提高产品流通时效。一方面，时效性成为诸多商品质量的重要组成部分，比如生鲜产品运到消费者手中时仍保持新鲜度就要有高效的物流系统作为支撑。另一方面，随着产品生产的复杂化，产业分工越来越细，精细化生产成为产品质量的重要保证，为了达到精细化生产，需要实现全球高效互联互通。

2.新技术创造交通运输发展新价值

新一轮的科技革命和产业变革方兴未艾，物联网、5G、区块链、人工智能、大数据、云计算、自动驾驶和新能源等新技术具有较大的增长潜力，而且交通运输领域可以为新兴技术提供丰富的应用场景。通过交通运输与新兴技术的融合互促，有利于推动交通运输发展向创新驱动型转变。利用新技术，发展新业态、新模式和新产业，积极培育交通运输新经济，为交通运输业带来巨大的新兴发展空间，既提高传统交通供需的适配水平，又创造出更多高质量的供需匹配服务。

（四）供需在环境维度上的变化趋势

绿色发展引领交通运输新价值追求。随着绿水青山就是金山银山理念的全面落实和节能环保、互联网、生物科技等技术快速发展，绿色生产生活方式加速形成，绿色发展成为经济发展的重要趋势。太阳能光伏、风电机组、先进储能装置等多技术路线并行发展，新能源产业将保持稳健增长态势。节能设备和产品、环保装备、资源循环利用装备快速发展，节能环保成为重要支柱产业。新能源汽车多种技术并重，全产业链加速构建。绿色建筑材料、绿色施工、建筑工业化等全面推进，城乡建设模式和建筑业发展方式切实转变。绿色物流、绿色金融等低碳化现代服务业发展壮大，成为绿色经济的重要增长点。交通运输作为二氧化碳和污染物排放的重要领域，需要进一步提高绿色发展水平，减少能耗和污染。

（五）正向强化交通供需适配性的思路

正向强化交通供需适配性，主要从优化网络空间布局、降低时间消耗、发挥效率效能、提升环境赋能四个方面入手，用增量改革促存量调整，更好服务增强供需适配性的新要求。

拓展和优化交通服务覆盖范围，强化交通供需在空间上的适配。适应以国内大循环为主体、国内国际双循环相互促进的新发展格局要求，优化调整东中西部和南北方的交通基础设施布局，以顺应国内统一大市场和经济全球化发展，推动交通进一步适应经济发展需要，并对经济发展起到引领作用。

配合城市—都市圈—城市群的圈层形态，掌握交通发展节奏，打造强大的都市交通核、延展的轨道交通轴和扁平化的辐射交通圈，满足城乡交通一体化发展需求。

提升交通效率和合理化交通时效，强化交通供需在时间上的适配性。推动高速和快速交通发展、优化顺畅交通运输组织，结合仓储、配送、信息服务等实现物流提速，提升物流的可靠性和可预期性，实现能够满足实体供给对需求时限要求的适配，优化和稳定供应链。

降低流通成本和发展多样化交通，强化交通供需在价值上的适配性。通过降低流通成本和提升供给价值及提供多种水平供给，交通影响市场供需均衡价格和供给质量，形成更多与消费需求、消费能力相适应的有效供给，满足多元化、高端化、个性化的需求，强化交通供需的价值适配性。

降低对环境负面影响，强化交通供需在环境上的适配性。为实现碳达峰碳中和目标，降低生态成本，可能导致传统统计口径下的运输成本上升，因此，需要综合技术升级和交通组织优化等多种方式，以形成合理的运输成本。加大投入更新换代绿色载运装备和燃料，提高铁路、水运和公共交通等低碳运输方式的结构性占比，推动车路协同、移动互联网、智慧物流等新一代信息技术与交通运输组织融合应用以实现碳排放群体协同最优，强化交通供需在环境上的适配性。

四、空间维度上增强供需适配性的交通力提升路径

在新发展格局下，应优化交通空间布局，为更好服务和融入新发展格局提供扎实的交通运输本底支撑。

（一）服务外需：优化拓展国际贸易通道

在新发展阶段，要继续全面深化改革开放，进一步拓展国际市场，扩大

外需和全球采购力，以高水平开放释放巨大内需潜力。

1.加强统筹，高质量推进沿海港口发展

长期来看，虽然远洋大宗货物和集装箱运输需求仍有增长空间，但在高基数下，预计运输需求的增长速度将会放缓，因此港口服务质量的提升将比服务能力的提升更为重要。近年来，我国沿海港口产能过剩、价格竞争过度等问题较为突出，不仅给当地财政带来压力，也不利于港口服务质量的提高。当前我国正处于经济结构转型升级的关键时期，同时也是全国远洋运输需求增长相对缓慢、沿海港口间业务竞争以存量为主的窗口期，应以此为契机，综合运用行政和市场手段，加快推动区域港口整合，实现统筹协同、高质量发展。

2.加快完善国际航线，大力发展临空经济

近年来，随着国际产能合作规模和居民消费能力的不断提升，我国国际航空运输需求快速增长。据国际航空运输协会（IATA）统计，2011—2018年东南亚航线占我国国际航线的比重从24%提升到41%，客运量年均增速高达22%，欧美航线年均增速排在第二位，约为10%，同我国国际贸易发展走势基本一致。"十四五"期间，随着国际产能合作规模和居民消费能力的不断提升，2023年中国民航的旅客量达到6.19亿人次，约为2019年的94%。为充分发挥交通运输对我国全球产业分工角色转变的支撑和引领作用，未来应继续以东南亚和欧美等地区为重点，进一步加快完善国际航线网络。同时，着力推动航空运输枢纽向综合运输枢纽和产业发展平台转变，通过航空产业园和临空示范区建设，打造特色产业集群，充分发挥民航机场作为经济高质量发展动力源的作用，带动当地产业结构转型升级。

3.完善陆路运输通道，促进跨境经济合作

注重打造亚非欧一体化交通体系。强化我国在资源人口集中的全球活动重心——亚非欧大陆的地位，尤其要促进亚洲的交通一体化发展。在经济结构转型升级的大背景下，我国同东南亚、欧洲之间的贸易往来将愈加密切，应充分发挥我国与相关国家之间陆地相连的区位优势，加快完善西部陆海新通道等陆路运输通道，打造高效、畅达、可靠的陆上产业链供应链体系。与此同时，可依托口岸城市，通过打造跨境经济合作区等形式，进一步加强与周边国家产能合作。同时，还需有序推动沿边通道建设。围绕推动共建“一带一路”高质量发展要求，沿边通道建设要与六大经济走廊的建设相匹配，兼顾近期发展机遇与中长期发展目标稳妥推进，优先满足全球产业链区域化调整的特征，加快打通新疆、内蒙古、云南和西藏等综合运输大通道的“最后一公里”，并根据沿边开发开放情况有序强化通道的国际延伸能力。

4.打造境内境外双向辐射国际物流枢纽

未来我国将成为全球第一大国际客货运输市场，需要依托长三角、京津冀、粤港澳等世界级城市群，着力培育全球性枢纽。同时，应促进内陆国际枢纽多极化、均衡化分工协作，布局和重点发展内陆及中西部的区域门户枢纽，确保我国经济的全球化对接能力，实现区域经济的平衡。结合腹地经济条件、区位特点和发展需求，优化物流枢纽布局，推动物流设施整合，支持建设内陆国际物流分拨中心，提升港口服务能力和铁海联运水平，完善边境城市、离境港的仓储、中转、分拨等物流作用，提升国际物流集散、存储、分拨、转运等功能。沿国际物流通道，以两端城市和港口为重点，依托自由贸易试验区和保税港区等，按照不同物流枢纽功能定位，选择重点境外节点物流枢纽着重发展，有序推进物流设施建设，助力节点物流枢纽联通国内物流枢纽，并充分发挥国际物流作用。按照转运型节点、储存型节点、流通型节点以及综合型节点等分类，推动境外重要节点物流枢纽间加强合作，形成合理竞合关系。

（二）优化空间：差异化交通大通道提升区域支撑力

1.东部通道需要继续优化

东部地区是当前我国交通运输活动最频繁、供需矛盾最为突出的地区，未来建设发展诉求仍然较多。一是持续提升通道效率，加快布局快速交通，推进航空、高铁交通运输建设，强化区域快速集疏体系建设，加快推进公路建设与铁路、航空建设协同，推进过江通道等卡口瓶颈设施建设，加快相关服务、装备发展，以增加供给、缓解需求。二是为当前部分饱和通道打造替补通道，形成东部地区串联辽中南、京津冀、山东半岛、长三角、海峡西岸、珠三角、北部湾等主要城市群两条以上高速铁路通道格局；增加横向高速铁路区域连接线，并尽力缓解沿海地区空域资源瓶颈问题。三是提升交通运输网络能级，强化国际性枢纽建设，为粤港澳大湾区、京津冀、长三角等世界新增长极的各类资源要素高密度集聚提供相应交通支撑。四是推进路网结构整体优化，以公路为重点，解决“高速公路、农村公路两头好，国省道中梗阻”问题，加快推进运输能力不足的路段扩能改造，以长三角、珠三角地区为重点，推进县域繁忙路段改造提升。

2.提升中部地区承东启西作用

结合中部地区的区位特点，利用其内陆地区辐射广、成本低、效率高的优势，发挥其承东启西的衔接转换作用，打造形成各种要素大聚集、大流通、大交易的枢纽经济业态，带动区域农业、制造、商贸等产业集聚发展，全面提升枢纽综合竞争优势和规模经济效应。以跨境电商综合试验区、综合保税区、保税物流中心等功能性口岸为依托，积极推动跨区域、高层级、多元化进口贸易平台载体建设和功能优化提升，加快推动进口化妆品、食品、保健品等跨境电商交易基地和药品、生鲜、粮食、汽车整车等全国性特种进口商品集散基地建设，扩大进口商品规模品类，积极发展进口跨境电商“网购保税+实体新零售”“前店后仓”“进口退货中心仓”等模式，拓展展示交易、保税仓储、分销配送、金融服务等多元功能，强化国际进口商品的资源、货源组织调配能力。

3.提升东北地区交通功能

结合东北地区经济社会发展特点，注重区域交通发展提升，在持续提升区域交通辐射通达能力的同时，重点突出其专业化功能化需求。一是强化特色产业交通运输支撑，统筹考虑东北地区工业、农业以及林区、矿产资源分布等各类情况，在兼顾其他行业发展需要的同时，持续推进农机道、林业路、资源路等专用道路建设保障，同步做好产区林区厂区配套路建设，保障生产生活各类需要。二是做好转型升级发展配套交通保障，做好各类产业转型专用道路向普通公路转换，结合资源枯竭、独立工矿区、老工业城市等相关区域产业转型进行针对性改造提升，加强县域专用道路与县城及城市中心区衔接，加强路网整体统筹，有序融入区域综合交通整体网络。

4.补足西部地区交通运输发展短板

把握西部地区交通运输发展后发机遇，统筹西部地区交通运输服务场景，因地制宜、分类推进县城客货运输发展，以丰富多元交通供给体系满足区域交通运输需要。在客运方面，持续推进公平普惠客运交通服务覆盖保障的同时，切实满足交通出行差异化需求；充分运用交通运输服务平台，利用信息化技术化手段，持续发展“互联网+”等多种灵活运输模式，满足居民快速出行、慢速出行、边旅边游等多种需求；灵活设置旅游班线、推进定制公交等，提供多元化多种类服务；保障各类人群出行需要，重点保障特殊需要人群出行，切实保障老年人、残疾人、孕妇、家庭群体等的实际需求，通过预约响应等方法，增加专门服务，让特殊需要人群能够出行、便捷出行，提升交通的舒适性。在货运方面，全面统筹交通物流现代化发展需要，提供便捷丰富的物流服务，适应当前线上线下消费同步推进的趋势，提高区域快速便捷快递物流服务水平。在持续保障兜底性货运服务的同时，探索增加各类货运物流服务供给，持续提升交通物流设施服务水平，在具备条件的区域推进社区团购等物流组织新模式，提升既有货运物流方式效率，提供多样化、精准化运输服务，结合实际推进定制化物流服务产品，满足各类货运物流需求。

（三）强化重点：发挥城市群、都市圈交通带动作用

1.主要城市群间通道需要进一步强化

“十四五”时期，以促进城市群发展为抓手，全面形成“两横三纵”的城镇化战略格局。依托辐射带动能力较强的中心城市，提高“1小时通勤圈”协同发展水平，培育发展一批同城化程度高的现代化都市圈。深入推进城市群、都市圈建设，以城市群、都市圈为依托促进大中小城市和小城镇协调联动、特色化发展，带动交通联系更加紧密。客运需求在空间上主要集中于经济发达、人口密集的城市群区域，国家级城市群和重要的区域级城市群间的客运联系是我国客运通道的主骨架。货物运输需求在空间上主要集中于重要的资源、产业集中区和消费密集的地区之间，即主要城市群间。预计2030年全国60%以上的省际货运交流发生在长三角、京津冀、粤港澳、成渝、呼包鄂榆、长江中游等城市群区域。因此需要进一步强化城市群之间交通联系。

2.强化城市群、都市圈内交通布局

《中华人民共和国国民经济和社会发展第十四个五年规划和2035年远景目标纲要》提出，“推进城市群都市圈交通一体化，加快城际铁路、市域（郊）铁路建设，构建高速公路环线系统，有序推进城市轨道交通发展”。加快构建形成城市群、都市圈尺度下交通运输供需匹配机制，根据城市群规模体量、中心城市首位度和群内城市联系紧密度等，掌握交通发展节奏，打造强大的都市交通核、延展的交通轴和扁平化的辐射交通圈，满足大规模、高

密度、全方位的运输需求。

加快推进城市群交通基础设施联通，推进轨道交通、公路等设施“硬连接”，推进市域（郊）铁路等建设发展，有效促进城市群网络形成，提升区域一体化的程度，重点结合城市群网络的等级、密度和结构，因地制宜优化交通运输建设发展。加快建立城市群、都市圈的交通运输发展机制，利用宏观规划手段依托城市群交通一体化发展布局推进城市群既有空间格局调整，通过有效基础设施连接，打破原有行政空间范围，构建交通物流物质实体联系，优化城市群、都市圈空间格局。

结合我国城市群、都市圈交通运输网络布局特点，基于城镇人口增量和城市存量的调整空间，综合运输需求、财力、生态环保等因素，合理规划确定都市圈轨道交通网络规模和结构。一是优化交通网络层级，优化调整以轨道交通为骨干的都市圈交通网，充分发挥不同技术特征轨道交通和地面公共交通比较优势，构建与多中心、多层级、多节点城镇空间形态和功能相适应的网络布局，结合实际需求明确发展重点。二是合理优化“1小时通勤圈”建设，目前，多数都市圈轨道交通网络布局是以中心城市中心区为核心向外辐射，目标多为构建中心城市“1小时通勤圈”。但都市圈不是仅有一个通勤中心。面向未来可能达到5000万以上常住人口的城市群，需要加大力度建设以轨道为主的交通干支线，形成城市群复合交通走廊，实现交通运输网络功能由单中心放射型向多枢纽互联型转变。

推进交通运输发展协同，推进核心城市各组团和周边中小城市间专业化分工协作，形成差异化、特色化发展，实现功能互补，其中以交通枢纽为重点，推进港口群、机场群体系化建设，整体提升影响力和竞争力，加强城市群铁路枢纽合理分工和协调运行，优化枢纽和线路布局，应用物联网、云计算、区块链等新技术，推进不同运输方式客运换乘“零距离”、物流衔接“无缝化”。

3.统筹服务其他中小城市和县城交通运输发展需要

在城市群、都市圈的交通运输供需关系中统筹中小城市、县城交通建设发展，以加强中小城市、县城交通发展承载力为重点，推进其有效融入区域综合交通网络整体发展布局。一是加快推进中小城市区域协同联动，强化与邻近城市群基础设施联通，加快推进过境高速公路、高速铁路、城际铁路、普速铁路、民航机场等对外通道枢纽布局优化，以促进城市内外交通便捷通达为重点，推进城市对外交通与内部交通有效衔接，推进城市快速路、城市轨道交通等建设发展，对标大都市的发展，全面提升中小城市交通运输服务质量。二是强化县城交通建设发展，立足区域整体发展实际，因地制宜推进县城交通建设，以补短板强弱项为重点，改善县城出行便捷度，提升县域往来周边城市及区域主要交通枢纽的通达性，提高县城道路、停车场、综合客运站等主要交通设施建设发展水平。三是辐射带动农村交通发展，推进农村与县城、与所在城市以及周边城市的交通衔接融合，合理织密县城与乡镇、村镇间的设施服务网络，加快补齐农村客运、农村邮政物流等方面设施服务的短板与不足，推进具备条件的农村地区普速铁路、通用航空等发展，强化城市交通服务向农村地区延伸覆盖，推进城乡交通服务一体化发展。

五、时间维度上增强供需适配性的交通力提升路径

在新发展阶段，世界正在进入科技革命新时代，快节奏是新经济时代的典型特征之一，需求变化快，人们要求出行速度快，产品、服务、产业更新换代速度也快，相应要求资源配置更为快捷、供需对接过程更加快速。

（一）提升速度：以更快速交通提升交通运输组织效率

通过发展中高速运输方式、强化衔接、优化运输组织，将缩短衔接时间、减少中转次数等作为重点，提高交通运输“门到门”的速度。着力打

通“大动脉”，畅通“微循环”，助力提高循环效率。我国航空、高速铁路和高速公路的快速发展展现了运输服务速度的提升，“十四五”时期应继续关注机场、高铁和高速公路发展，根据社会需求变化持续完善航线、高速铁路运行线路等中高速运输服务组织网络。同时，还应积极推动更为快速的新的交通方式实现应用，例如规划预留成渝600～800公里/时超高速磁悬浮列车建设通道，研发高速货运动车组等。优化枢纽客货中转效率，以枢纽为抓手推动多重网络一体化发展，结合智能化、物联网、大数据等信息技术的泛在应用，降低运输链复杂度，优化顺畅运输组织，提高整体位移过程的快速性和平滑度。同时，为提高交通运输“门到门”速度，优化“最初和最后一公里”，应通过发展快速公共交通和共同配送等快速客货运方式，提升城市内客货移动速度。

（二）稳定可靠：以多元化交通优化安全保障

构建多元化、多方向、多层次的交通通道，提升应急需求响应水平，实现交通运输的稳定保障和安全供给。提供交通通道、路径、方向、方式、类型等多种选择，提升交通系统的可靠性、安全性和韧性，以应对可能的突发事件，保障交通网络的正常运转，确保旅客和货物及时到达。

1.国内通道多元化发展

我国基本形成“十纵十横”综合运输大通道，最主要的铁路干线、公路干线和沿海及内河水运航线坐落其中，应继续扩大枢纽节点的设施规模，加快推动规划内高速铁路建设，释放既有铁路货运能力，加大对公路拥堵路段改造提升力度、提高新建公路的建设速度，推动包括平陆运河等在内的水运新通道建设，促进多种交通方式统筹发展。

以城市群交通为重点，根据多层次、差异化的出行需求，打造多元化综合运输通道，形成具有不同速度、不同方式，能够服务不同对象、适应不同距离的通道。一是要重视对通两条或多条不同服务类型的线路进行通道资源整合。二是在重要咽喉路段，注重形成可供选择的替代性通道，例如三峡大坝的兴建和运行，推动形成三峡水运新通道。三是要发展多元化的运营模式，对于多层级交通共用的复合通道，应根据高峰或平峰的不同时段、不同地段的客货流出行特征需求，建立多元化的运营组织模式。四是在超大和特大型城市构建多层级枢纽体系，一方面主要解决干线和城际的衔接，另一方面伴随城市群的发展及城市空间的延伸，满足城际、市域（郊）交通的换乘衔接需求，要求在中心城市外围形成新的次级枢纽，以实现城际交流和城市内部交流的快速转换。

2. 国际通道海陆统筹发展

推动对外运输通道多元化发展，以安全畅通为重点，在巩固传统海上通道的同时，不断开辟新的陆上和陆海通道，统筹好中欧班列、道路货运、海运、航空货运等运力，加快建设国际物流供应链体系，确保我国出口货物出得去、进口货物进得来。由于运输主体和地区利益不同，通道之间的竞争不可避免。就目前来看，中欧班列与传统的中欧海上通道存在竞争关系，地方政府的补贴是培育陆上新通道的权宜之计，但是从资源配置效率角度来看，容易出现资源错配问题。长远来看，不同地区、不同类型的商品应该依据自身对外贸易特点选择运输方式，基于我国多元化的对外运输通道条件，科学发展中欧班列等陆上运输方式，并与海上航运网络形成陆海统筹物流网络，结合空中航线网络，建立以我国为主的对外贸易通道体系。

3. 提升应急响应和安全保障

从新冠疫情防控、防汛等相关情况来看，我国交通韧性发展诉求进一步提升，应加快构建应急响应体系，结合重大突发公共事件，针对性构建交通基础设施隐患排查、平急转换等机制，加快应急设施建设储备，切实保障应急响应期间交通有序组织和开展。同时，持续推进安全保障。从基础设施、技术装备、运输服务、参与者和环境五大要素构成的耦合系统角度出发，进一步提升交通系统安全水平。一是注重规划设计，坚持“安全质量”原则，积极做好交通运输安全发展战略的规划与落实工作。二是强化工程设计和建设质量，积极推进、主动实施交通安全保障工程。三是推进安全管理，强化农村交通安全管理与服务体系建设工程，实施国家主干高速公路网交通安全管控工程，强化铁路安全管理和保障体系，加强水上安全监管能力建设，持续推进航空安全管理体系建设。四是提升养护水平，要切实加大有效养护投入，切实加强桥隧养护和灾害防治工程实施力度，积极加强科学决策和新技术的推广应用。五是农村地区作为交通安全发展短板，应加快补齐配套设施，特别是在地形地貌特殊、事故多发等地段，加强农村公路交通安全隐患治理，建设农村公路安全生命防护工程，及时改造四类、五类危桥，配套建设必要桥梁，完善农村公路交通标志、标线和指路标识，夯实交通运输安全基础。

（三）平台对接：依托信息平台实现交通供需实时对接

结合仓储系统和信息平台发展，进一步缩短交通时耗，提升交通可靠性。根据不同货物需求规模和更新时长要求，通过对仓储点的妥善分布和规模控制、仓储时间调整和运输时耗的统筹考虑，实现及时、稳定、持续、经济的货物供给，使货物按市场需求的节奏进行流动，推动供给与需求的平衡。依托信息平台，实时掌握交通运输动态，发展共享交通，实现运输最优配载，提升交通运输时间的可靠性，在一定程度上实现运输服务信息的实时获取。

六、价值维度上增强供需适配性的交通力提升路径

在新发展理念的指引下，交通供给作为供给体系不可或缺部分，具有促

进供给价值合理化、多元化和品质化的作用，因此需把握交通建设节奏，优化管理手段，降低运输服务成本，形成更能适应需求价值发展要求的供给。

（一）合理发展：提升交通基础设施供给经济性

1.掌握交通基础设施建设节奏

根据交通基础设施的属性特点和民生要求，对既有交通基础设施建设发展的投融资政策和模式进行适当调整，科学界定公益性投资范围，合理确定将交通基础设施以准公共产品的方式进行投资建设和运营而进行社会化投融资的范畴，减轻使用者负担。同时，根据政府经济实力和经济社会发展所处阶段，合理安排项目建设时序，防止过量地上项目和总投资规模不受约束地随着项目量上涨，避免交通领域的系统性债务风险，减轻筹融资及债务压力，提升项目建成后的利用率和投资经济效益。

2.发展必需的高端交通

高品质的需求要有高价值的供给来匹配，应积极发展高端运输服务所需的交通基础设施，提供更快速、更安全、更优质的供给，以满足高端需求。建议开展广州规划建设第二机场、上海研究发展第三机场前期工作，加快发展高铁快运、跨国班列等。

3.审慎进行境外基础设施建设

在进行境外交通基础设施投资时，应加大对项目成本回收的关注。在跨境和国外基础设施建设过程中应积极创新投融资模式，以最大限度发挥基础设施联通效益、降低安全风险。一方面可通过海外投资主体民营化改革、联合当地企业共同投标等方式缓解各方疑虑；另一方面应扎实做好投资回报机制研究工作，尝试从整合投资、建设、运营、维护全链条等角度，寻求总体效益的提升。此外，还应积极寻求通过国际金融机构担保等方式，防范因国际局势可能恶化带来的潜在资金损失风险。

（二）优化管理：降低交通运输系统运行成本

1.打造充分采用智慧手段的交通治理模式

建立跨地域交通主管部门信息互通共享渠道，推动建设区域交通运输安全畅通与应急处置系统和区域路网运行信息联网工程，构建公安、国土、消防、气象等跨部门的信息共享或通报机制，实现城市群区域规划建设、交通治理、安全应急等业务协同。制定新一代智慧管控平台建设标准，强化多源数据融合、交通研判分析、态势预测预警和应急协同调度应用支撑，实现综合交通业务流程再造和管控能力大幅提升。应用人工智能、大数据和视频识别等技术挖掘行人出行活动规律，以新能源共享车辆、新型道路设施、新型公交服务、智能网联汽车与车路协同等示范应用为载体，推动建设智慧道路、智慧公交、智慧信号管控、智慧停车诱导、出行即服务（MaaS）、无人驾驶及车路协同示范综合创新集成示范工程，打造面向未来之城的片区级交通治理示范区。

2.发展多式联运促进规模经济效益提升

调整运输结构，大力发展多式联运，发挥规模经济效益，切实降低全社会综合物流成本。水运、铁路等规模化运输方式的运输费用较公路更低，但对分布式供给和分散化需求的适应度较低，下一阶段发展重点应在于优化铁路、水运与公路的对接，以多式联运推动公路转水运、公路转铁路，通过优化衔接提升低成本运输方式效率以适应新的发展要求。现代铁路、水运运输服务应实现整、零需求的高效转换与规模化组织特征之间的融合匹配，利用互联网形成的“车—货”“车—人”匹配环境，在枢纽节点实现铁路、水运等网络化运输资源和公路细分运输服务市场的有机衔接，以水运、铁路运输对接各种联运、分拨、快递、快运和供应链服务的需要，实现基于节点设施物理网络和信息服务平台网络的规模经济。

3.降低管理费用以推动运输成本合理化

与世界先进水平相比较，我国单位物流量的费率并不高，物流费用中的运输费用占比也较低。但运输费用较低与公路货运领域超载和司机长期疲劳等问题共存，因此，应进一步合理化运输物流成本，降低管理、仓储等费用，着力建立公平开放规范的统一大市场，简化审批、规范收费、优化监管、建立标准，降低行政管理成本。推动竞争中性，消除资源错配，实现市场配置资源，增强所有市场参与者的竞争力。以中欧班列为例，应根据各地货源规模和运输径路的经济性在各个区域发展1～2个班列始发集结地，鼓励周边货物向集结地或班列经停点集中，推动中欧班列市场化运营。

（三）技术赋能：推动运输服务供给升级

聚焦新一轮科技革命发展趋势和对交通运输业的重要影响，为推动新技术成为交通运输供给水平提升的重要驱动力和交通运输新经济重要载体，我国需要打造数字化基础设施、自主化交通装备和创新化产业发展，驱动我国交通供需价值适配性提升。

1.打造融合衔接、智慧可靠的基础设施网络

优先提升全国性综合运输通道基础设施和管理智能化水平，推进跨地区骨干网、市域网、接入网等信息基础设施建设。积极推广5G等技术在综合交通枢纽中的应用，推进城市群智慧枢纽示范建设，研究制定智慧综合交通枢纽布设标准指引，指导国际性、全国性和区域性综合交通枢纽的智慧升级。推进智慧城市道路建设，研究编制全国智慧道路建设标准规范，推动各城市规范化建设智慧道路，并新建或改建一批典型项目作为智慧道路试点示范。推进智慧高速公路建设，研究制定高速公路智慧交通设施建设标准指引，深化5G和车路协同技术应用，推进智能路侧设备、车用无线通信网络和智能化道路基础设施部署，选取重点区域公路项目进行探索和推广。强化基础设施建管养技术，加快长寿命与绿色交通基础设施材料的开发应用，结合大数据、“BIM（建筑信息模型）+GIS（地理信息系统）”技术，加大智能建造成套技术的研发力度，稳步提升桥梁隧道建造技术。

2.构建先进智能、技术自主的交通装备体系

提升核心技术创新能力。提升汽车燃料多元化、船舶多模式立体综合通信导航、飞机动力与控制系统等核心技术的自主创新能力，攻克载运工具关键技术。攻克节能、低碳、人工智能等关键技术，抢占新能源车辆研发的制高点，推动自动驾驶技术换道超车。突破关键装备核心能力，攻关重型直升机、无人运输机、大型民用飞机、无人机等相关新能源动力、高性能复合材料、精密制造的核心技术，提高关键装备的自主化智能化水平。保持智慧高铁设计制造、数字交通土建等领先地位，攻克时速600公里级磁悬浮关键技术，推动低流阻、低噪声、系统集成等跨越式创新，积极审慎开展上海到杭州示范工程建设。推广智能装备设备协同应用，在港口、机场、矿山等特殊作业区域，推广快递无人舱、无人机、无人车等智能化、集装化运输装备、自动驾驶和新能源等新技术、新装备规模化应用，推动多场景分区域自动驾驶车辆的商业化示范应用，实现公交、出租等领域自动驾驶车辆规模化运营。

3.建立机制完善、创新驱动的新技术产业体系

完善产业发展政策环境，合理引导新技术在交通领域率先应用。优化新技术在交通领域应用的市场准入和行政审批制度流程，鼓励新能源汽车、智能驾驶等技术研发应用。推动完善更新《战略性新兴产业重点产品和服务指导目录》（以下简称《指导目录》），将交通大数据平台、自动驾驶技术装备、液氢制造储运加注设备等产业纳入《指导目录》，推动相关产业快速发展。推进产业创新发展实践，建设区域级交通科研载体，规划建立智能交通国家工程研究中心、交通大数据国家工程研究中心等科研载体，以城市群核心城市的龙头创新机构、科研单位和高校为依托，通过资金补助和政策支持等方式，鼓励跨区域、跨行业建设模式，促进区域交通技术创新和产业发展。鼓励和引导企业、科研院所联合组建新兴技术产业联盟，在标准制定、技术研发、测试验证及试点应用等方面发挥联盟的协同效应，促进创新链与产业链的对接，推动多领域融合型技术研发与产业化应用。

4.实现服务链条、价值增值的深度融合发展

交通运输作为经济社会发展的主要领域，要以交通运输与产业深度融合发展为重点，提升交通运输发展对经济社会发展需要反馈响应的灵敏程度。从培育“全出行链”和“全供应链”的角度出发，构建“交通+产业”组织模式，以服务链条和价值增值为基本方向，实现运输服务与信息、物流、仓储、商贸、金融、保险、农业、制造、旅游、餐饮、休闲、军事等领域的融合发展，激发、捕捉客户消费新需求，形成新型运输服务生态圈，以交通促进产品和服务质量提升，推进农业、制造业、商贸流通业等与交通物流建设发展深度融合，推动交通运输支撑服务战略性新兴产业、延伸产业链条，强化产业中高端环节组织优势。

七、环境维度上增强供需适配性的交通力提升路径

（一）打造资源节约、绿色环保的用能体系

1.推动传统燃油汽车节能减排

一是修订相关标准体系，完善各种运输方式和不同载重等级运输工具的等效标准，提升运输工具燃油经济性标准，建立高标准的运输工具燃油消耗和排放限值标准体系。二是积极研究推广发动机热效率提升和碳捕捉技术。鼓励生产制造小排放和燃油效率高的车型，支持相关技术的研发，推动成型技术的量化投产。三是推动制定传统燃油车退出时间表。加强燃油车禁售顶

层设计工作，明确传统燃油车退出的目标优先级，推动全国各省市制定分阶段分区域传统燃油车销售比例要求，完善远期存量燃油车退出引导政策。

2.完善新能源汽车政策体系

一是完善新能源汽车相关政策。研究新能源汽车后补贴时代的延续政策体系，积极推动新能源汽车购置补贴政策动态调整，探索制定汽车节能减排税制、碳配额交易制度、乘用车燃油消耗量标准等政策，提高新能源汽车占汽车销售总量的比重。二是推进汽车电动化进程。加强汽车电动化政策引导，推动公交车、出租车、环卫车、城市物流车的升级换代，在具备条件的城市特定区域设立零排放示范区。三是研究建立低碳及零碳能源供应体系。加强对乙醇汽油、生物煤油、甲醇、乙醇、二甲醚等可再生能源、低碳和零碳能源的研发、示范、应用和推广。加强对氢能等新能源燃料电池技术的研发，完善氢燃料加注设施，探索在客车、物流等商用车领域的应用。四是推动车路协同、移动互联网、智慧物流等新一代信息技术与交通运输融合应用，以实现排放群体协同最优。

（二）强化交通运输与生态保护协调发展

1.提升交通对生态环保的支撑

一是提高交通对经济社会发展和生态环境保护的保障能力，为增强经济社会的环境承载能力提供支撑。二是促进资源产区与城区直连，提升人员物资运送效率，加强交通对资源开发和人员生活需要的保障，更好满足生态保护和可持续发展对交通的要求。

2.减少交通建设对环境的负面影响

统筹考虑交通发展面临的生态约束条件，合理谋划发展的规模和节奏，将绿色低碳理念贯穿交通运输建设的全过程，构建与生态承载力相适应的区域综合交通运输体系。在交通基础设施规划、建设和运营维护全生命周期内，将交通对环境的影响作为关键考量因素，积极采用新型环保施工和养护技术，减小交通项目全生命周期的不良环境影响。注重提升交通基础设施景观功能，培育满足生态资源价值开发需要的运输服务。

3.持续优化客货运输结构

在客运领域，遵循TOD（以公共交通为导向的开发）理念进行城市和都市圈的建设和更新，实现交通通道、枢纽、路网与人口布局的协调发展，在需求侧创造公交友好型环境。以“互联网+”等技术、共享交通等新业态促进交通运输集约化发展。凝聚政府、企业和公众等多方力量，共同协作鼓励绿色出行发展，提高铁路、公共交通等低碳运输方式结构占比，倡导公众减少碳足迹。在货运领域，大力发展多式联运，促进大宗及中长途货物“散改集+公转铁、公转水”，推动“交通+制造业”融合发展，增加货物运输的集约化比例。

（三）推进各种运输方式外部成本内部化

1.深入评估各种运输方式外部成本

基于各种运输方式产生的噪声、二氧化碳、氮硫、固体废弃物等污染物排放情况，结合各种运输方式的技术和成本的优劣势以及我国综合运输发展阶段特点，研究建立各种运输方式外部成本的定价方法。评估各种运输方式从规划、建设到运营维护全生命周期的外部影响价值，为推动形成合理的运输结构提供科学参考。

2.探索征收交通外部排放的税费

基于评估确定的各种运输方式外部成本价值，以促进形成包括各种运输方式的合理运输结构和构建覆盖各种运输方式全部成本的价格体系为目的，探索采用税收、拥堵收费、燃油收费、停车收费等多种手段的组合方式，利用经济杠杆解决环境污染问题。同时，在实施过程中，应根据交通运输和经济、生态等的发展情况而适时调整，保持政策工具的科学有效。

八、“四维”供需适配的交通制度供给

（一）强化实现空间供需适配的政府治理体系

1.实现交通运输高水平对外开放

推进国际经贸便利化，按照自由贸易区“一线放开、二线管住、区内自由”的监管办法，探索“通关、监管、决策”三位一体的通关监管便利化改革路径，强化大通关协作，探索推行“联合查验、一次放行”等通关新模式和邻近港口口岸监管一体化。实施海运进境集装箱空箱检验检疫便利化措施，推进船舶联合登临检查，进一步放宽空域管制与航路航权限制。扩大航空口岸144小时、72小时过境免签政策的实施范围。对标国际最高水平、最大限度开放措施，促进海南自由贸易港实施更加开放的船舶、航空运输政策。允许外商参股国有交通运输企业，实现“既准入又准营”。加强与“一带一路”沿线国家制度和规则对接，建立政府引导、央企主导的全链条“国家队”机制。协调发展各地中欧班列、中亚班列，促进公平竞争，鼓励降低班列境内段运费水平，合力协调境外运费、换轨、装卸等事宜。加强与国际组织事务合作，争取主导交通领域国际标准制定，提升国际竞争力和话语权。

2.规划引领交通运输系统布局优化

统筹规划体系建设，加强交通规划与国民经济和社会发展规划、国土空间规划、专项规划以及国家重大战略的衔接协调，补短板、优网络，形成近期、中期、远期项目储备。

3.试点示范跨区域协同管理机制

以都市圈、城市群等为优先载体，以城际铁路、跨省跨市公路等为重点

领域，探索跨省、跨市交通协同管理机制，更好发挥对区域一体化发展支撑带动作用。有序完善区域港口一体化体制机制，探索不同类型港口一体化路径。以城乡公交一体化为先导，加强城乡交通运输规划衔接，深化城乡交通一体化改革。探索以联席会议、部际协调等形式建立交通运输常态化重大事项协调和督办机制，按需成立临时协调机构，重点协调枢纽管理、货运联运、旅客联程、建设用地、军民融合、改革示范等事项。

4.厘清中央地方财权与事权责任划分

按照国家建立完善事权和支出责任相适应的制度要求，根据实际情况，优化交通财权、事权在各级政府主体间的动态平衡，明确与各级政府支出责任相适应的交通专项资金配置。加强中央预算内投资、交通专项资金的精细化管理，明确在省市县的留成比例，提高中央资金投入比例。

（二）提升推动时间供需适配的规划标准体系

1.出台综合交通运输法律

制定一部具有战略性、全局性、综合性、纲领性和协调性的综合交通运输基本法律，全面体现我国综合交通运输发展的长远目标、指导纲领、基本政策和基本原则，支撑各运输方式协调发展和时空衔接。加快完成重点领域法律法规的制定修订，建立健全交通应急管理法规制度和预案体系，鼓励自动驾驶测试、验证和商业应用。

2.强化交通运输标准制定

加快制定完善枢纽换乘、轨道交通土地开发、低空空域管理、交通信息化智能化、运输服务新业态等技术标准，强化各类标准衔接协调。构建适应智能交通和融合发展的标准规则体系，指导规范化建设智慧道路、智慧枢纽等基础设施。推广应用集装化和单元化装载技术，统一多式联运装载单元规格、技术、货种限制等标准。

3.完善综合交通管理体制

统筹发展铁路、公路、水运、民航、管道等各种运输方式，探索交通与能源、通信、水利以及城市基础设施协调发展机制。试点进行若干枢纽建设运营管理体制改革示范。对于港航码头、过江通道、支线机场、城市交通人防设施等潜在交通基础设施资源，建立“战时军用、平时民用，平战结合”的管养、运营和调度机制。

4.加快培育技术与数据要素

促进技术要素与资本要素融合发展，鼓励金融机构采用知识产权质押、预期收益质押等融资方式，为促进交通技术转移转化提供更多金融产品服务。建立综合交通出行信息服务平台，推进政府数据开放共享，加快各部门共享交换交通运输数据，研究建立城市交通等公共数据开放和数据资源有效流动的制度规范。借助协会商会等社会力量，推动人工智能、车联网、物联网等领域数据采集标准化。探索建立统一规范的数据管理制度，提高数据的质量和规范性，丰富数据产品。制定数据隐私保护制度和安全审查制度，加强对政务数据、企业商业秘密和个人数据的保护。

（三）着力提升价值供需适配的市场资源配置

1.塑造公平竞争市场环境

完善交通运输现代市场体系，建立公平开放、统一透明的交通运输市场。推进放开交通运输行业竞争性环节或领域，建立同业公会制度，提高行业自律和监督水平，废除交通运输领域妨碍统一市场和公平竞争的规定和做法，破除地方或部门保护，打破大集团垄断促进公平竞争，鼓励各类经营主体通过公平竞争实现优胜劣汰。降低参与交通项目的民营企业税费，在企业所得税、增值税、社保费等支出方面享受与国企同等的政策，逐步清理和精简涉企不合理收费。拓宽民营企业参与交通项目的融资渠道，在银行贷款上对其提供更多协助。在政府采购、补贴分配等方面适当向民营企业倾斜，杜绝交通项目上拖欠民营企业款项的行为。推进民营企业参股交通运输国有企业，创新民营企业参与混合所有制方式，鼓励交叉持股、债转股、股票期权等方式。

2.培育现代综合投资主体

以资本为纽带，支持轨道交通、航空、交通建筑、港航物流、高端船舶装备、智慧交通等领域重点企业做优做强，鼓励产业链较长的头部企业开展跨地区、跨行业、跨所有制的联合兼并和控股参股，实现跨基础设施的规模化、多元化、品牌化经营。深化国铁企业公司制、股份制改革，优先在铁路局集团及三级子公司推动国铁混合所有制改革，引入战略投资者，推进国铁市场化债转股，推动优质铁路资产股改上市，有效防范铁路债务风险。逐步推动各省高速公路管理局转企，使其成为自主经营、自负盈亏、自担风险、自我发展的经营主体，区分好政府还贷公路和经营性公路。处理好港口一体化进程中的企业直接合并、兼并收购、股权划转等问题。

3.挖掘资本市场融资潜力

充分发挥存量资产的融资功能。对于项目边界清晰、回报机制明确的存量项目，优先开展不动产投资信托基金（REITs）试点。对于现金流稳定的存量项目，采用资产证券化方式盘活。合理丰富交通运输专项债券品种，用好“债贷组合”新模式以满足部分融资需求。创新新型基础设施投融资体制，以市场投入为主，支持多元主体参与建设，同时实现新型基础设施与传统基础设施的共建共享共担。

4.聚焦公益性领域服务

政府投资向农村公路、普通国省道、内河航道等无收益、低收益的公益性领域集中。完善采购、外包、补贴等交通运输领域政府购买公共服务相关政策，加大对公共服务特别是农村基本公共服务的财政支出倾斜力度。

（四）优化基于环境供需适配的交通资源占用

1.强化减排防污制度激励约束

合理确定交通运输绿色转型发展的阶段性目标，明确交通运输碳达峰的峰值和时间。确立交通运输污染和碳排放源的监测体系和排放清单，强化对交通运输相关的碳足迹的客观分析。在政府和国有企业建立交通运输低碳转型的考核与激励体系，强化对技术研发的支持并完善相关机制。强化财税政策支撑，健全绿色金融和碳交易市场，强化引导使用清洁能源载具。

2.推进土地市场化集约化供应

以交通基础设施为牵引，在交通与能源、水利、通信等领域鼓励集约利用线位廊道，通过综合管廊、地下空间一体化、电网铺设、通航防洪等建设推进共用建设用地，提升交通基础设施占地集约化水平。实施差异化的土地综合开发政策，试点部分地区实行地上、地面、地下土地分层出让，建立交通枢纽周边土地储备制度，建立联动开发盈利反哺机制。

第二章
交通运输支撑产业高质量发展的机制与路径研究

内容提要：习近平总书记强调，高质量发展不只是一个经济要求，而是对经济社会发展方方面面的总要求。产业高质量发展不仅是产业迈向中高端在更宽领域、更深层次的实现与升华，更是建设现代化经济体系的重要支撑和推动经济高质量发展的关键所在。本章在分析产业高质量发展及相关概念的内涵与特征的基础上，探讨了产业高质量发展与供需适配性及交通运输之间的关系，从要素层面分析了交通运输影响产业发展质量的四大作用机制，从宏观层面研究了交通运输支撑产业高质量发展的主要路径。最后结合我国交通运输支撑产业发展的现状与问题，提出了交通运输支撑产业高质量发展的重点任务与相关政策建议。

一、交通运输影响产业发展质量的作用机制

交通运输作为国民经济基础性、先导性、战略性产业，是畅通国民经济循环、构建现代化产业体系的基础环节和重要支撑。交通运输业本身是重要的生产性服务业，交通运输产业发展和相关基础设施建设会直接影响到整个产业体系的发展。交通要素作为经济要素的一部分，具有联通性、网络性、

基础性等特征。

（一）联通效应加快经济要素流动

1.提升其他非交通要素流通效率

整个经济体系运行的首要任务是有效地配置经济要素，让每种资源放在市场价值最大的“地方”，这其中包括将有价值的资源在正确的时间放在正确的地点。交通运输是通过各种交通要素增强经济要素组织能力，优化经济要素的时空配置效率。从产业发展视角看，交通运输在塑造区域产业分工体系的过程中，以提高产业体系发展质量为目的。一方面，交通运输使传统优势产业的运行效率提高，推进其转型升级迈向更高端；另一方面，交通运输吸引新的产业资源聚集从而出现新产业，使整个产业体系更加有活力。交通运输充分发挥要素的流动性，挖掘这种流动性的经济潜力，因此，交通运输是通过流动效率来提升产业活动的运行质量。

2.优化劳动力、资本等要素结构

交通要素的聚集能够优化劳动力结构。较好的交通设施条件提高了可达性，能够较好地满足人们对交通便捷性的需求，且良好的交通能够吸引更多优质资源集聚，进一步增强人才吸引力，从而促进包含高素质人才在内的劳动力迁徙。Ahlfeldt和Feddersen（2017）在人口增长模型中纳入城市交通可达性变量，证实了城市铁路可达性的变化导致其沿线城市人口密度变化。而引入的高素质劳动力能够发挥更多特长和优势，从而更好地实现企业提高技术效率、创造更高的经济产值。

交通要素同样能够优化资本结构。通达的交通使企业可以在固定的时间内进行多笔交易，增加其销量，同时可降低企业的运输成本，因此企业倾向于在交通便利的地区建厂投资，使资本更多地集聚到交通便利的地区。而优质的投资企业能够进一步吸引高素质的劳动力，带来更先进的组织经验、更新颖的管理模式、更具时效性的知识信息等，进而对地区技术效率提高产生促进作用。该路径也可归因于交通要素对全要素生产率的直接效应。

（二）集聚效应促进产业要素整合

交通要素作为一种空间联系的载体和基础性经济要素，是城市间建立经济、文化、技术、信息、知识等要素联系的纽带，它能够将商品、生产材料、劳动力、技术等从一个节点输送到其他节点，产生区际贸易，促进要素商品的自由配置，促进生产的分工与专业化，加快知识、信息、技术的传播，从而在空间上产生经济活动的集聚与扩散。

交通基础设施等公共产品的共享是外部经济的重要来源之一。交通运输业的发展降低了运输成本，影响企业区位选择。德国经济学家阿尔弗雷德·韦伯认为影响产业区位的经济因素有两类：一类是区域因素，另一类是位置因素。区域因素主要是运输费用和劳动成本。便利的交通条件以及交通运输业的发展，降低了运输成本，促进了产业聚集。港口和交通枢纽在城市区位中主要起到的是催化剂作用。新经济地理学理论认为，“中心-外围”模式的出现取决于运输成本、规模经济以及制造业在国民收入中的比重。良好的交通基础设施易形成市场规模效应，吸引企业迁移至此地。枢纽可以源源不断地为城市带来利益，通过聚集更大区域范围的资源要素，弥补城市自身资源要素薄弱短板，从而实现产业快速发展。

（三）网络效应扩大需求市场规模

美国经济学家Balassa（1962）认为，区域一体化会催生更大的市场规模，市场中成本控制较好的生产厂商能够占据更大的市场份额，并取得更高收益，从而激发生产者努力提升企业的生产效率。交通要素会给生产企业创造较大的内外部收益。内部收益主要受益于贸易量的增多，外部收益主要受益于区域整体的经济发展。与此同时，市场规模的扩大会激发区域内各行各业间的彼此促进，使得各企业形成一个联合的区域大市场，既能够为产业提供达到规模经济的可能性，又为区域整体的经济提升创造机会，进一步增加区域的贸易容量。

（四）技术扩散效应提升要素质量

1. 直接促进行业本身技术进步，同时能够扩散到其他行业

以交通基础设施为代表的交通要素投资建设会直接推动与交通基础设施相关行业的技术进步并在行业中产生技术扩散。在农业社会阶段，人们运输货物及输送人员的方式主要借助于人力与畜力。到了工业化时期，蒸汽机的发明促进了大型船舶以及铁路的诞生，将人类交通基础设施的技术水平带入到新的阶段。此后内燃机的出现又激发了汽车和飞机的发明。可以说交通基础设施自身的发展就是一个技术不断进步的过程，需要大量的研发投入和技术设备引进，而航空、轨道交通又是典型的高端装备制造业，具有显著的技术扩散特性，这些行业的技术进步可以显著拉动区域整体的技术水平。

此外，交通要素流动还能够通过促进技术人才的流动来提高创新水平。例如，Hulten（2006）分析了基础设施水平提高形成的高科技人才的“聚集效应”，表明技术人才的流动能够提高企业的技术创新水平。还有学者认为交通基础设施的外部性促进了企业成本的节约，使得企业有更多的精力和资本专注于自主创新，从而促进区域的技术进步。

2. 加速技术引进和扩散

外商直接投资和国际贸易能够为东道国带来先进的技术和管理经验，有利于提高东道国的生产率，是发展中国家引进技术的两个主要途径，这已经获得国内外学者的普遍认同。交通要素的网络性能够在吸收国外领先技术、先进设备等方面起到关键作用，促进国内外双方的合作与互通。随着跨区域交通基础设施的大力发展，各个区域贸易条件也得到较大改善，贸易成本显著降低，交通能够帮助贸易产生吸收其他区域技术的作用需要给予重视，主要有以下两方面原因。

一是交通要素的网络性能够提升外商直接投资的技术溢出效应。刘志雄（2010）指出交通基础设施影响了外商直接投资，也为接纳外资的技术引进提供了条件。一般外资企业相比内资企业具有更高的技术发展水平，内资企业能够以模仿的方式吸收外资企业的技术来提升自身技术。同时，完备的交通基础设施能够提高信息的传播速度，增强内外资企业之间技术的透明度，助力相对落后的内资企业更加有效地了解外资企业的技术水平，并在此基础上提高模仿成功的可能性。

二是交通要素的网络性能够提升进口贸易的正向技术溢出效应。企业的进口商品中蕴含大量的研发资本，企业应当对此进行认真学习和充分分析来模仿其中的技术。郭晓欣和钟昌标（2016）探究了青海省交通建设对国际贸易的影响，研究发现铁路货运量对青海国际贸易有长期推动作用，公路里程的增长在中期内与青海省国际贸易呈现正相关关系。更好的交通基础设施有助于内资企业更加高效准确地获知进口商品的信息，缩短各项分析时间及降低各项分析成本，加快推动落后企业进行技术吸收。

3.促进管理模式、知识、经验等的扩散

一个地区的知识吸收能力与交通基础设施的完备程度成正比，交通基础设施越完善的区域，其知识吸收能力越强，越能够进行知识的消化吸收和再运用，从而更好地促进地区提升技术效率、提高全要素生产率。Baranes和Tropeano（2003）指出运输成本的轻微降低会激发空间极化，而空间极化程度越高就意味着知识共享地区间的交通基础设施越发达，优势地区对落后地区的辐射作用就越强，对落后地区经济增长的正溢出效应就越显著。比如交通基础设施可能发挥优势地区的辐射作用，可以促进落后地区吸收优势地区的管理经验以及知识信息等，从而提升技术效率，促进落后地区发展。同时由前文分析可知，交通基础设施的建设能够扩大市场规模并加剧市场竞争，在技术革新成本较大、实现规模效率较久的情况下，通过优化技术效率是企业在短期内获取竞争优势的必然选择。

二、交通运输支撑产业高质量发展的主要路径

交通运输的存在大大提高了区域间的可达性，缩小了地理的时空距离，使区域空间格局由地理距离向时间距离演化。交通方式的升级有助于加深地区间的开放程度，扩大中心城市的辐射范围，促进要素资源的快速流通整合，进而加速经济增长和产业结构优化。国内外交通与经济社会互动发展的实践表明，作为交通运输产业产出物的基础设施对于促进产业结构优化、引导产业集聚与扩散、提高产业分工水平和提升产品质量，具有重要的作用，这也是交通运输支撑产业高质量发展的主要路径。

（一）促进产业结构优化

不同类型、不同水平的交通基础设施直接影响着一个国家或地区不同形态的产业结构。在缺乏大运输能力的交通基础设施的地方，很难形成第二产业特别是重工业的集聚。高新技术产业、高附加值产业需要配套机场、高速铁路、高速公路等重大交通基础设施，这些交通基础设施产业能够推动相关区域产业结构向高端化升级。正如美国经济学家保罗·罗森斯坦·罗丹（1966）所说，这些产业必须居先于那些能够更快产生收益的、具有直接生产性的投资，以便为增加能更快地产生收益的直接生产性投资铺平道路。没有完善的交通基础设施，就不会有发达的产品贸易，很难实现产业结构的调整与升级。例如，交通要素为我国长三角地区的产业结构调整与升级提供了有利的技术支撑和智力支持，从而促进了资源的有效配置。此外，我国很多大型港口的

周边、沿长江等主要内河通道形成具有产业优势的经济带，很多中西部地区实现产业梯度转移得益于便利的铁路、公路、民航等交通条件。目前我国正处于产业结构调整、经济转型升级的时期，需要通过提升交通基础设施产业水平来推动产业向高端化、高质量发展。

（二）引导产业集聚与扩散

交通运输具有网络性特征，它将各个节点连成整体，使各个地区的经济联系更加密切，通过集聚效应和扩散效应，在影响原地区经济发展的同时，也对其他地区经济发展产生溢出效应，当表现为促进周围区域的经济发展时，则称之为正向的空间溢出效应，并最终体现在对技术进步、技术效率和规模效率的影响上；当表现为抑制周围区域的经济发展时，则称之为中心地区对周围地区的虹吸效应。

以交通基础设施为例，一方面，随着某一城市交通基础设施的不断改善，会吸引大量的要素如原材料、劳动力、投资等流向该城市，从而使得该城市逐渐成为所在地区范围内的发展极，形成集聚效应。另一方面，随着交通基础设施的不断改善，会显著促进区域间的经济贸易合作，从而使得各地区先进的技术、好的管理经验等可以通过贸易和投资途径向周边地区扩散，形成扩散效应。扩散效应会帮助周边地区获得经济技术援助、完善市场等，进一步促进区域的协调增长。

（三）提高产业分工水平

交通基础设施可以扩大市场范围，促进集聚经济的产生，提高分工的深度，为资源的有效配置奠定物质基础。根据古典经济学的解释，分工的深度是由市场范围决定的，市场范围越大，分工越精细。而市场范围的大小则依赖于产品的通达能力，这在很大程度上受到交通运输能力的影响。交通基础设施水平的改善能改变集中（集聚经济和市场规模）和分散（竞争和要素成本）力量的相对重要性，运输和要素流动成本的降低有利于要素流动，从而推动产业再布局，产生集聚经济的本地市场效应、价格指数效应和劳动力池，深化基于各地区比较优势的分工。而且，在其他产业中交通基础设施会创造出更多的投资机会，这是十分重要的。交通基础设施的发展将产生一系列未知的分工领域，资源则可以流动到产出最大化的领域，从而提高地区经济增长的潜在能力。由于我国不同省份自然地理条件和经济发展水平存在巨大差异，具有不同比较优势的产业，因此当交通基础设施建设使区域间的运输成本降低时，地区间基于比较优势的贸易往来将更加便利，本地区拥有比较优势的产品可以以更低的成本销售到其他区域，同时从其他区域输入本地不具有比较优势的制造业产品，销售成本和采购成本将会降低，促进区域依据比较优势进行分工。以长三角地区为例，其城市间分工指数（Krugman，2000）平均值从1998年的0.788上升到2013年的0.8694，说明长三角都市圈城市之间制造业结构差异不断扩大，分工程度在加强，这与长三角地区同期快速发展的交通基础设施不无关系。

（四）实现产品质量提升

交通运输线下联通技术进步，对其他产业产品质量的影响通过直接和间接两个途径实现。一方面，运输时效性成为诸多产品质量的重要组成部分，比如目前兴起的订单农业需要高效的物流系统作为支撑，甚至可以说，没有快速准时的物流就没有订单农业。另一方面，随着产品生产的复杂化，产业分工越来越细，精细化生产成为产品质量的重要保证，为了达到精细化生产，厂商往往需要将全球最好的资源组合在一起，建立庞大的全球供应链体系，这个体系是建立在线上线下互联互通的基础之上的，没有全球高效互联互通也就不会有全球化分工，而这种全球化分工带来的产品质量提升也不会出现。

随着个性化消费的兴起，全球产业分工的细化，线下联通技术进步或是线上线下联通业务的融合发展，已经成为企业生产和销售环节的重要组成部分，是产品质量的重要决定因素。因此，交通要素驱动型经济的质量提升作用将越来越重要，高质量和个性化产品更加依赖于高效联通系统。

三、我国交通运输支撑产业发展的现状与问题

交通运输支撑和带动产业发展是长期存在的普遍现象，不同发展阶段交通运输与产业发展之间融合关系显现的形态有所差异。当前，两者融合互动程度大大超过以往任何历史时期，其顺应时代变迁、技术进步和业态更迭，更大限度打破了传统边界，推动交通运输自身以及经济社会发展方式进行深刻变革，对供需精准匹配与系统整体升级产生深远影响。

（一）我国交通运输与产业发展互动的现状

1. 交通运输与关联产业融合联动步伐加快

一是交通运输方式之间、交通与物流融合发展加快。在政府引导下，以企业为主体，建成如天津于家堡、深圳福田等具有辐射带动强、具有示范意义的大型现代综合交通枢纽，围绕综合交通枢纽各方式一体化衔接水平显著提高；以铁路为代表的传统货运枢纽加快向现代物流基地转型发展，国际联运提单取得新突破，公路超载得到有效治理后公路运输工具标准化、集装化水平不断提高，沿海沿江主要港口和大型物流园区引入铁路工程加快推进，集装箱铁水联运量增长较快。

二是交通基础设施建设、技术装备制造等领域不断向上下游产业链延伸。基本形成覆盖铁路、公路、港口、机场、城市轨道及桥梁、隧道等领域且从规划咨询、工程设计到建设施工、运行维护等全链条的交通基础设施产业体系，已成为我国国际产能合作的主力军。交通装备技术突飞猛进，形成较为完善的

高速列车、汽车等技术装备产业链。同时，一些城市以交通运输服务链、供应链为牵引，带动贸易、金融等服务业以及现代农业、高端制造业联动发展。

三是交通运输与农业、制造业和服务业联动、融合发展加快。为适应产业迈向中高端和消费升级需要，以运输服务创新为牵引，交通运输业深度参与农业、制造业、高端服务业等产业链上下游，供需精准对接，促进产业发展能力和价值提升。以交通业与旅游业为例，全国许多地方将运输功能与旅游功能深度融合，延伸旅游产业链，引领全社会消费升级与生活方式变革。2023年，全年国内旅游人次达54.07亿，国内旅游收入5.2万亿元。中国旅游车船协会的研究报告显示，2023年全国自驾游人数占国内出游总人数的73.6%。

2.交通运输不断带动新经济新产业发展壮大

近年来，在科技进步驱动社会发展，及受新冠疫情影响人们改变生活习惯的大背景下，以互联网、大数据等现代信息技术为手段，实体与虚拟、线上与线下一体化高效组织，围绕“交通+”的跨界新业态、新模式、新产业不断涌现，如滴滴出行、神州专车、PP租车、共享单车等交通形态快速发展壮大，货拉拉、菜鸟联盟、传化公路港等货运服务新业态茁壮成长，百度、高德等导航服务以及携程、艺龙等票务服务精准对接用户需求，加快业态和发展模式创新，通用航空、邮轮游艇、自驾车房车营地等蓬勃兴起。

3.交通运输与产业分工布局深度融合日趋明显

当前，依托综合运输大通道以及主要高铁通道，资源要素自由流动和合理配置进一步加快，通道沿线城市间的联系更加紧密，围绕一些通道如沿江通道、陆桥通道、京沪通道、京广通道以及粤桂黔高速铁路通道等发展的通道经济，其经济形态已初步形成。依托枢纽发展“枢纽经济”已成为推动城市经济发展和提升城市能级的重要手段，尤其是地理区位条件受限的中西部地区城市，如成都、重庆等超大城市，郑州、西安等特大城市，以及商丘、宜昌、嘉峪关等，均通过枢纽节点及对外通道建设，积极培育交通优势，强化资源要素控制力，推进产业链式发展、集群发展，以交通为牵引的经济发展和区域空间开发模式正加快形成。同时，为适应我国以“一带一路”建设为重点方向的全面开放要求，以交通运输为先导，国际交通通道网络进一步完善，有力支撑国际合作空间的拓展。

4.专业化运输服务有效服务市场供需实时对接

党的十八大以来，多式联运、甩挂运输等先进运输组织模式及大宗货物运输、集装箱、商用车、冷链运输、危险化学品运输等专业服务快速发展，货运物流服务品质再上新台阶。多式联运物流园区及港站枢纽集疏运体系建设加快推进，2016—2022年开展了四批试点116个多式联运示范工程，2022年示范工程共完成集装箱多式联运量超过720万标箱。海上运输承担了90%以上的外贸货物运输及98%的进口铁矿石、91%的进口原油、92%的进口煤炭和99%的进口粮食运输量，支撑起我国对外贸易发展和重要能源资源外贸进口，有效保障了产业链供应链稳定。货运物流组织模式不断创新。国家物流枢纽网络化建设有序推进，推动形成“通道+枢纽+网络”现代物流体系。

5.交通运输维护产业链供应链安全能力不断提升

近年来，我国交通运输发展韧性不断提升。通过总结交通运输领域新冠疫情防控和应急响应等方面的经验，重点加强交通运输领域应对突发公共事件的能力，增强对高峰时段、突发事件的消化和处理能力，提升综合交通整体运转能力。优化完善突发事件应急响应管理配套政策体系，着重发挥政府宏观管理能力，强化企业、社区等社会各方面主体参与，运用相关企事业机构专业化经验和能力，提高应急响应情况下资源调配整体效率效益。构建平时和突发公共事件响应需求有机转换的韧性交通运输体系。

（二）我国交通运输支撑产业发展存在的主要问题

面对国际国内新的发展环境与形势变化，对标我国第二个百年奋斗目标，对标人民日益增长的美好生活需要，对标新发展理念、新发展格局和高质量发展要求，特别是与现代化经济体系建设、现代化产业体系运行、现代化流通体系构建、现代化城镇体系发展、绿色生态体系打造等综合性因素共同作用下的国民经济循环畅通要求相比，我国交通运输对产业发展的支撑仍然存在需求对接不精准、供给服务不配套、资源共享利用效率不高、牵引带动能力不足等不平衡不充分不协同等问题。

一是交通运输支撑产业高质量发展在硬件设施方面仍存在诸多短板，传统交通基础设施，特别是中西部地区交通基础设施总体薄弱，服务新业态发展的配套设施，如新能源、智能化的载运工具配套设施、多元化交通旅游设施等总体不足。

二是交通运输支撑产业高质量发展的理论和政策落后于实践，理论研究总体薄弱，法律法规、标准规范等基础支撑不足，指导作用有限，人才资源总体欠缺，跨领域复合型人才十分紧缺，这些问题都制约产业高质量发展。

三是目前我国交通运输与经济社会各领域融合、交通运输支撑产业高质量发展的区域、行业、行政壁垒仍然存在，尽管交通运输探索推进“大部门”改革制度，但效果仍不理想，核心问题是深层次协调合作机制问题，不是通过简单的部门合并就能够解决。

四、交通运输支撑产业高质量发展的重点任务与政策建议

（一）重点任务

1.引领制造业转型升级

（1）引导交通服务与装备制造协同联动。

打通交通基础设施产业、装备制造业产品设计、生产、制造、销售、运维全链条，推动上下游共享信息，共同参与产品研发制造。联动提升高速

铁路、城市轨道交通、民用大型飞机、大型专业化船舶等装备谱系化制造水平。支持网约车、车货匹配、共享单车等共享交通平台加强数据积累，通过分析用户使用习惯和消费倾向，融入科技手段，与小汽车、货运车、三轮车、自行车等生产企业开放合作，参与产品的研发设计，鼓励定制，推动传统制造业转型升级。适应城乡居民生活品质提高和快递物流等新行业产生的新需求，发展无人驾驶车辆、无人机、无人配送车、自动分拣设备等生产制造，加快城市道路信号控制装置等设施设备的配套升级改造，助推新兴制造业崛起。

（2）支持交通装备制造业延伸服务链条。

引导交通装备制造企业，依托现代信息技术手段，从提供产品向提供"产品+服务"转型，推动制造业服务化。鼓励交通工具等生产制造企业跟踪产品售后使用情况，采集油耗、电池、磨损、异常情况等数据信息，为使用者提供优化操作的指导和维修、保养、更换等针对性建议。研究探索交通装备制造业与金融、信用等领域的信息共享途径，以数据分析为基础，为保险、征信等行业提供客户精准画像，帮助其打造个性化产品与服务。积极利用交通装备制造业的设备运行数据，进行综合分析，透视宏观经济和行业运行情况，为政府决策和企业管理提供依据。

（3）强化交通运输对现代制造业的服务支撑。

以制造业迈向中高端水平为目标，加快交通运输业转型升级，提高运输效率与服务水平，实现交通运输业与现代制造业的核心竞争力高度协同。推进柔性制造、智慧工厂等智能生产体系建设，构建电子商务、金融、交通物流等社会化协同体系。鼓励制造企业优化供应链管理，依托交通运输，整合分散化制造资源，推动网络化协同制造。鼓励有条件的制造企业进行包括设备制造与采购、施工安装、维护管理、现代物流等在内的一体化服务集成。

2.支撑带动“三农”产业发展

（1）促进交通运输与农业现代化协同。

围绕特色经济、林下经济以及特色农牧区经济发展，加强交通设施、流通设施和运输服务的体系建设，优化农产品冷链物流设施网络，实施特色农产品产区预冷工程，发展农产品从产地到销地的直销和配送。畅通农资下乡物流渠道，支持农业主产区建设专业化农资储运设施，针对农资物流需求地域性、季节性的特点，鼓励物流企业利用富余能力开展农资储运配送业务。

（2）支持交通运输打造农村经济多元化发展平台。

顺应农村一二三产业融合发展趋势，发挥交通运输的支撑引领作用，依托交通运输与物流新业态创造新的商业机会，活跃农村经济，促进农村社会进步。支持电商物流企业结合服务网络的布局和下沉，在农村发展合伙人、加盟店等经营业态。围绕传统“农家乐”升级和体验式农业等的发展，配建停车设施，布局乡村汽车营地，加强设施配套，深度挖掘农村自驾游等旅游休闲市场。

（3）加强交通运输服务乡村振兴战略。

按照乡村振兴发展要求，加强公益性基础性交通设施建设，推进城乡交通公共服务均等化。推进通乡连村公路建设，为所有具备条件的乡镇、建制村、撤并村及一定人口规模的自然村通硬化路。

3.促进“交通+旅游业”融合发展

（1）推进交通与旅游设施一体建设。

统一规划、设计、建设交通与旅游基础设施，打造景观铁路、绿色步道、美丽公路等交通风景带、风景点，规范完善公路沿线和枢纽站场内的旅游标识。畅通景区和乡村旅游区与交通干线的连接，构建覆盖景区的交通网络。在机场、高铁、高速公路和其他交通线路选址选线中，统筹考虑对重点景区、旅游特色小镇、旅游资源丰富的贫困地区、红色旅游目的地等的衔接与辐射。完善景区停车场、充电桩、加油加气站、交通信息服务等设施。

（2）增强游客出行消费配套服务保障。

在通往旅游目的地的高速公路服务区，开发餐饮住宿、休闲娱乐、展示购物、票务咨询、汽车宿营等旅游服务功能。支持汽车租赁企业构建全国性和区域性经营网络，在旅游城市的客运枢纽、酒店和主要景区增加取车还车网点，大力发展异地还车。规划建设区域性旅游应急救援基地，开发急救线路，发展无人机救援与应急物资投递业务，利用现代科技，加强对游客偏离常规旅游线路进行监测和警示救援。

（3）打造“出行即出游”旅游消费新模式。

结合交通运输新业态，积极开发新型旅游消费产品。发展邮轮游艇产业，合理布局沿海与内河邮轮游艇和客运码头，打造“精品航线+岸上旅游”一体化服务产品。依托景观较好的交通线路，发展慢行火车、旅馆列车、房车旅游、自驾游等旅游服务产品。支持将具有历史印记的交通线路遗迹开发为旅游产品，发展与交通相关的体验式旅游。

4.强化与现代物流业深度融合

（1）打通交通与物流全链条。

加强交通与物流的衔接组织，完善交通物流网络，强化枢纽对货物全程运输的组织功能，打通连接枢纽的“最后一公里”。依托电子赋码制度和绿色畅行物流单，构建交通物流的全程组织，实现货物一站托运、随到随走、无缝转运、智能仓储、送货上门，制定相关服务规范，简化费用清算，推进信息共享，实现全程服务可视化。支持有实力的运输企业向多式联运经营商、综合物流服务商转变，整合物流服务资源，向供应链上下游延伸。

（2）构建交通与物流服务大平台。

鼓励交通物流、电子商务、供应链管理等企业开放经营平台，提供社会化服务。引导企业创新平台形式与经营模式，深度开发细分市场，加强平台间分工协作。加强对平台的服务与监督，建立平台间数据合作、交换和共享机制，支持信息标准统一和系统对接。建立实施“红黑名单”制度以及预警警示违规企业、惩戒失信企业和淘汰严重失信企业的相关机制。

（3）培育交通与物流融合发展新模式。

构建线上线下联动公路港网络，推进跨区域、跨行业资源整合和信息共享，促进多业态融合发展，促进开辟商品服务新兴市场。建立完善危险品物流全过程监管体系和应急救援系统，完善冷链运输服务。发掘电商、海淘（淘外/境外购物）、“O2O”（线上线下）模式等消费领域潜在市场，大力发展快递、海外仓、打包寄递、到家服务等供给模式，引领消费升级。

5.构建现代流通体系

（1）打通线上线下商贸流通渠道。

鼓励电子商务与实体贸易协同发展，互相搭建平台和拓展渠道，加强服务融合，实现线上商流和线下物流一体化。支持电商企业依托线上平台，整合流通领域实体店和物流领域仓储配送等资源，打造集商品展示、消费体验、演示培训、经验分享、休闲娱乐、代购、取货等多种功能于一体的线下营业网点。引导传统专业化市场、批发零售企业自建平台或主动对接电商企业，发展线上业务，充分利用线下完善的流通渠道和销售网点，提供直接对接消费者的物流配送服务。

（2）鼓励商业模式与业态创新。

利用现代信息技术和管理理念改造传统商贸流通体系，创建融合发展新业态、新模式。鼓励商业仓储设施建设开放货架，依托物联网、近距离无线通信、移动支付等技术，打造“免结账”新型商超。充分利用互联网、大数据等技术，促进物流、快递与电商、餐饮、家政服务等业态融合发展，创新物流配送商业模式。

6.培育交通经济新业态新模式

（1）创新发展共享交通。

完善共享单车、网约车、汽车分时租赁、车货匹配、自由快递员等共享交通商业模式，加快拓展共享交通新领域。鼓励企业搭建互联网平台，整合个人或企业闲置或过剩运输资源，面向社会共享使用，推动形成平台企业、资源提供者和消费者合理的利益分配与责任分担机制。建立政府与互联网平台方多方协同治理模式，降低共享经济发展的政策风险，营造包容创新的社会氛围。

（2）丰富体验交通业态模式。

深度挖掘交通运输过程中的经济价值，发展观光、休闲、运动、探险等多元主题的体验式交通消费模式。支持开发基于位置的自然景观、历史文化、风土人情等解说App，为旅客在旅程中提供自助导游服务。依托城市自然本底和历史人文特色，运用智能穿戴等先进装备，创新优化城市交通体验感知系列服务。鼓励发掘运输工具的附加功能，规范发展各类极限运动、探秘探险等新业务。

（3）推动通航经济发展。

加快通用机场建设，深化低空空域改革，支持通用航空参与农垦牧渔、航空护林等农业生产活动，促进通航航空与农业融合发展。推动通用航空与制造、能源、采掘、建筑等产业融合，促进产业转型和集聚发展。推动通用航空与互联网、创意经济融合。促进空中游览、航空体育、飞行培训、体验飞行等新业态发展，规范发展无人机航拍市场。鼓励和加强通用航空在抢险救灾、医疗救护、反恐处突和公共管理等领域的应用。

（4）鼓励发展交通平台经济。

支持企业建设各类交通运输平台，集聚资源，撮合运输服务交易。鼓励交通运输信息服务平台依托核心业务向经济社会服务平台扩展，集聚数据、人才、技术等资源，开展运行支撑、决策辅助、社会服务等业务。积极发展“畅行中国”综合交通运输信息服务平台、骨干物流信息平台试点等国家级平台。依托平台充分整合政府和社会力量，促进数据畅通互联，培育平台经济新产业。

7.带动产业链供应链现代化水平提升

产业链供应链是经济循环畅通的关键。对交通运输而言，要切实把促进现代物流发展作为一项重要战略任务来抓，着力打通交通运输“大动脉”，畅通“微循环”，助力提高循环效率。以“降本”为重点，持续优化综合运输通道布局，调整运输结构，大力发展多式联运，提高物流国际竞争力。以“增效”为重点，着力推进各种运输方式深度融合，在切实强化衔接、优化运输组织、发展城乡配送、完善配送末端的方式与布局等方面持续发力，把缩短衔接时间、减少中转次数等作为重中之重，切实提高物流效率。以“提质”为重点，推进物流运输数字化、集约化、专业化、精细化、定制化、一体化、绿色化，持续提升专业物流服务能力，推动运输链融入供应链、产业链，提升价值链。以“安畅”为重点，统筹好中欧班列、道路货运、海运、航空货运等运力，加快建设国际物流供应链体系，确保我国出口货物出得去、进口货物进得来。

（二）政策建议

1.强化交通基础设施建设与产业联动发展

强化交通基础设施与旅游、制造、农业等产业设施联动规划。统筹铁路、公路、水路、民航等设施在选址选线、规模、种类、等级、数量、建设时序等方面同旅游、工业、商贸等产业进行衔接。推动交通枢纽场站功能多样化，拓展机场、港口、高铁站的商务服务、购物消费、休闲娱乐等功能。鼓励在高速公路服务区内建设房车车位、加气站、新能源汽车充电桩等设施，加速以交通功能为主向复合型服务区转型升级。支持普通国省公路和农村公路在有条件的路段设置房车营地、观景台、厕所等设施，提升观光旅游功能，以适度超前的理念，完善新型基础设施网络，精准对接需求，补齐现有短板，推进交通基础设施与信息、能源等基础设施协同布局。

2.鼓励交通运输产品创新与跨业融合发展

适当放宽与交通运输相关的新兴经济产业领域政策限制。健全适应交通运输支撑和引领新兴产业融合发展的制度，推动备案管理和事前审批逐渐向加强事中事后监管转变，在共享交通等融合发展新领域探索实施特殊管理制度，在快递、配送领域推广“共同配送”，支持“互联网+物流”在货物运输领域的推广应用，提高人员、道路、车辆等资源使用率和客货运输配送效率。加强服务景区的公共交通运输组织，在节假日加开定制旅游线路。鼓励客运企业与旅游企业加强业务合作，增加旅游包车业务。以信息化手段和移动互联技术推进游客“吃喝住行”票务一体化，实现“一站购票”“一票出行”。指导电商物流快递仓储企业依托互联网、大数据等技术了解用户消费习惯，对电商购物节时间段错峰发货运输配送等进行预判，分化库存和物流压力，减小成本。

3.充分发挥市场作用和政府作用

交通运输支撑产业高质量发展，应始终如一遵循市场和政府共同作用配置资源的基本逻辑，坚持政府支持、强化市场导向，统筹发挥政府在制定战略规划、政策法规、标准规范等方面的作用和市场在资源配置中的决定性作用。充分发挥市场“无形”之手的调节作用，由经营主体搭建交通产业融合发展服务平台，运用市场规律加速交通枢纽偏好型产业集聚。探索构建以市场为主的信用约束机制。加快完善信用体系，完善全国信用信息公关服务平台和企业信用信息公示系统，规范各类经营主体诚信行为，完善信用信息采集、归集、公示、评价、应用、服务体系，强化失信联合惩戒。更好发挥政府“有形”之手的主观能动作用，研究建立公平开放的市场准入制度。加强协同配合、鼓励多方参与，引导新产业新业态健康有序发展，完善以负面清单为主的产业准入制度。对未纳入负面清单管理的领域、业务等，各类经营主体皆可依法平等进入。对融合新技术、新产业、新业态、新模式，本着降低创业门槛的原则，不急于纳入负面清单管理。深化关联领域改革创新，加速新技术新业态向交通运输传统领域融合渗透，全面改造提升交通运输传统动能。

4. 加强理论法规标准规范等基础支撑

充分认识理论和方法论研究的重要性，系统梳理总结交通运输支撑产业高质量发展实践经验案例，紧盯国内外新趋势新变化，针对性强化前期研究储备。充分调动各方积极性，以跨界视角，开展关联学科交叉研究，加快构建符合国情特点的交通运输支撑产业高质量发展理论框架与方法论体系，探索新时代中国特色社会主义交通运输发展观，丰富中国式现代化建设理论体系。加强标准规范保障。着眼产业高质量发展阶段催生的新领域新业态新模式，加快完善相关标准与规范。构建多门类融合科研平台以及产学研创新平台，强化标准衔接创新，加强标准规范等先行示范与试点认证。推进法规制度适应性变革，建立相关标准动态调整机制。强化顶层设计和系统谋划，营造良好发展环境，构建统筹协调的组织体系，优化新业态管理和产业发展资源配置，健全交通新经济协调机制。加强舆论宣传，引导正确认识，回应社会关切，营造健康发展环境。

第三章
区域协调发展战略下交通运输供需适配性研究

内容提要：交通运输是区域经济社会发展中重要的支撑性因素，不同空间尺度、不同区域范围内交通运输发展并非恒定，其进程差距突出、特点鲜明，由此形成具备区域特点的交通运输供需关系。本章从区域空间视角出发，探索交通运输供需适配的内涵机制，提出以通达性、优势度为主要因素分析区域交通运输供给是否充分、是否平衡，同时梳理当前我国区域交通供需关系现状特点和存在的主要问题。基于此，围绕区域协调发展战略要求，分析当前我国四大板块以及城市群、都市圈交通运输供需情况，以强化交通供需适配性为导向，结合区域特点因地制宜推进差异化发展，针对性提出强化东部、中部、东北、西部地区和城市群、都市圈交通运输供需适配性的思路和发展任务，并提出配套政策建议。

一、区域视角下推进交通运输供需适配的内涵机制

（一）空间维度下推进交通运输供需适配的基本原理

交通运输通过实现物理空间位移，引起空间可达性和区域间相互关系的

变化，营造差异化的经济活动空间区位和发展环境，引导国民经济发展和空间结构演进。改革开放以来，我国交通运输建设取得了重大成就，区域通达性和城市空间辐射能力不断提升，极大地改善了国土的通达性与整体性。

空间范围中交通运输供给、需求在不同空间尺度下不尽相同、各有特点，并动态演进变化，供需关系不断调整、寻求适配。供需调整的核心是找出交通资源配置分配的差异，分析空间区域视角下存在的相关影响和联动效应，整体统筹形成供给侧或需求侧的调整思路。当前，学界围绕相关要求已运用指数分析法、拓扑估算法等方式从区域空间视角对交通运输供需进行分析。

（二）区域空间视角下推进交通运输供需适配的基本机制

结合交通运输建设发展空间分布特点，从当前研究情况来看，在推进供需适配的过程中，主要是从供给侧出发分析和解决通达性和优势度的问题，在不同空间尺度上推动相关供需矛盾改善，从而实现对供需关系的动态调整。

通达性是空间区域下交通运输供给是否充分的问题。交通运输通达性主要通过其与交通运输网络、交通运输服务的空间距离和相关成本进行分析，在统筹考虑综合交通运输体系以及交通运输方式的技术经济特点等情况下，依托有效的交通运输方式或各种方式的组合，便捷实现物理空间目的地到达即为通达性高。当区域整体通达性较高时，交通运输供给更能充分保障区域需求。

优势度是空间区域下交通运输供给是否平衡的问题。优势度是集成性概念，交通运输通常结合通达性进行分析，主要在实现目标到达的基础上，分析区域交通运输对经济社会活动的支撑和保障能力，包括物理距离、交通成本、完成方式、服务对象等情况。当区域内针对不同群体交通优势度水平差别较小时，交通运输供给更能均衡保障区域需求。

二、我国区域交通运输供需适配性现状分析

（一）区域视角下我国交通运输供需现状

1.以基本公共服务为核心的兜底性交通运输供需矛盾在全域内已初步缓解

长久以来，我国交通运输供给以满足交通运输基本公共需求为思路，推进交通运输建设发展，通过构建基础服务网络满足保障兜底要求。随着全面建成小康社会目标的实现，从全国范围普遍情况来看，具备条件的建制村通硬化路、通客车、直接通邮等发展任务和脱贫攻坚兜底性目标基本实现，基本公共服务需求初步得到反馈保障，交通运输对经济社会发展的瓶颈制约现象已全面扭转，交通运输“走得了”的供需矛盾已全面得到缓解。

2.以服务沿海贸易发展需求为重心建立交通运输供给体系

从空间布局来看，经过多年发展，我国初步形成了以沿海贸易发展为重心推进交通运输供给与经济社会发展需要的供需互动关系，并极大推进了交通运输基础设施的建设发展。统筹考虑我国自然地理、经济活动、人口分布等因素，我国综合交通网络建设主要集中在“胡焕庸线”以东区域。在此基础上，为服务沿海贸易快速发展，交通运输供给形成了较为明确的发展重心。一是以沿海港口为主导推进货物运输供给体系建设，涵盖交通运输基础设施布局、集疏运体系及配套设施建设、交通运输服务体系及其配套政策支持体系、海铁及水运等多式联运系统等，成为我国交通运输支撑经济建设的主要方式。二是依托运输通道有效构建经济发展廊道，以京沪通道为代表，这是我国东部地区最重要的运输大动脉，也是串联我国经济发展重要地区的主要通道，发挥了交通运输对经济社会发展重要的支撑引领作用。三是沿海区域交通运输供给水平整体领先，以沿海区域为代表的东部地区基础设施建设早、发展快，并探索创新

各类运输组织服务模式，尽管近年来中西部地区交通运输发展不断追赶，但整体来看东部地区供给体系相较中西部经济欠发达地区更加完善。

3.不同空间尺度下交通运输逐步发挥对区域经济社会发展的支撑引领作用

改革开放以来，以“要想富、先修路”为指引，交通运输对于区域经济社会发展的辐射影响作用突出，成为重要的支撑性因素，并在不同尺度下优化调整交通运输供需关系。一是重点区域交通运输体系发展加快，结合国家重大区域战略部署，构建重大区域综合交通运输体系，长江经济带综合交通运输体系、海南综合交通运输体系等逐步形成，长三角综合交通运输一体化深入推进，主动衔接国家重大战略、重点区域发展需要。二是城市群、都市圈交通运输供给关系新单元加快形成，高速铁路、航空发展为跨区域的城市群之间的交往联系提供了有效保障，内畅外达的城市群综合交通运输体系逐步建立，丰富多层的轨道交通服务供给使居民出行半径逐步拓展、出行需求逐步增加、出行方式逐步多元化，以城市群、都市圈为尺度层级的交通运输供需关系越来越重要。

4.城乡维度下交通运输供需关系不断优化

在新型城镇化建设的推动下，随着基本出行需求得到有效保障，城乡维度的交通运输供需调整持续深入。一是城乡一体化推动既有二元供需关系突破性调整，随着城乡交通运输发展差距不断缩小，城市、农村以及衔接城市群、都市圈的交通运输供给、需求均在突破性调整，城市与农村的交通运输供给深度衔接，逐步形成一体化系统，需求侧则在城市层面和农村层面更加细分，由此形成新的供需关系。二是县域交通运输供需矛盾逐步显露，随着以县城为重要载体的城镇化不断推进，县域交通运输供不应求的矛盾集中显现，县城补短板强弱项等工作加快推进，发展县域交通运输越来越重要。三是农村交通运输供需体系深刻转变，基本公共服务需求与美好生活需要同时存在，农村地区交通运输需求进一步细分，形成差异化需求体系，对交通运输供给提出了更高要求。

专栏3-1

国家发展改革委关于加快开展县城城镇化补短板强弱项工作的通知中交通物流相关项目范畴

· 优化市政交通设施

推进县城与邻近地级市城区交通设施互联互通，鼓励对公路等设施进行升级改造，增强对外交通保障能力。布局建设公共停车场和配建停车场，鼓励建设立体停车库，缓解医院、学校、大中型商场和办公区等人流密集区“停车难”问题。推进客运站改扩建或迁建新建，拓展客运站“运游”“运邮”功能。按照“窄马路、密路网”方式，完善机动车道、非机动车道和人行道“三行系统”，优化公交站点布设，改善群众出行条件。

· 发展配送投递设施

建设统一分拨中转的公共配送中心，鼓励发展共同配送等新模式，满足小微企业和群众日常物流分拨配送需要。支持社会力量面向家庭用户和单位职工等受众群体，布设不同类型的智能快件箱，提供便捷安全的“最后一百米”服务。

· 健全冷链物流设施

结合实际在县城及周边建设冷库，配建理货和分拣等冷链配送设施，保障农副产品全程冷鲜冷冻保存和运输。在有条件县城建设面向城市消费的生鲜食品低温加工处理中心，推广“生鲜电商+冷链宅配”“中央厨房+食材冷链配送”等新模式。引导社会力量在大中型商场超市建设冷链物流前置仓，解决冷链物流“最后一公里”问题。

（二）当前我国区域交通运输供需关系调整存在的主要问题

1.交通运输供给体系化程度不高

尽管当前交通运输建设发展成就显著，但从区域发展整体情况来看，不平衡不充分的问题仍然突出。一是不同交通运输方式供给不平衡现象普遍存在，从调研及一些地方反映的情况来看，同一省份内综合交通网络区域发展程度差距明显，以广东省为例，高速公路网络密度分布不均，欠发达地区建设诉求十分急迫。二是基本公共服务供给仍不充分，尽管兜底性发展目标已全面完成，但村内道路等建设任务仍然艰巨，是影响新发展阶段下区域交通运输公共服务的重要内容。三是堵点难点影响区域整体供给成效，区域间不匹配的运力分布和瓶颈路段进一步限制整体网络效率，跨区域线路、交通繁忙路段问题较为突出，影响系统运行成效。

2.既有交通运输供给体系对内需消费需求支撑有限

对标扩大内需战略要求，交通运输布局与消费流通格局之间的协同不够，交通运输供给对内需消费潜力释放的承接支撑作用有限。在货运方面，当前我国初步形成的货运供给体系主要服务于出口贸易需求，集中在沿海沿江地区，对内陆腹地延伸覆盖能力有限。随着内陆消费中心城市不断涌现，既有综合交通运输网络对内陆城市内需消费所需要的运输组织保障不足，内陆枢纽组织配置功能有待进一步提升，相较于满足我国内需消费潜力规模仍有距离。在客运方面，交通运输供给体系仍需进一步细化，干线交通、普速交通、基础服务等对各层级需求的保障能力有限，邮轮游艇等新兴消费需求旺盛但发展动力不足，客运运力布局、组织模式等仍需深化。

3.以公平为主的交通运输供需底层逻辑对于效率和差异保障不足

当前我国交通运输规划发展主要以保障公平为主要出发点，即以公益性、准公益性交通运输来保障全域和全人群的普遍需求，因势利导、因地制宜的精细度精准度不高。一是对效率考虑不足，综合交通网络供不应求和供过于求的情况同时存在，东部沿海地区拥堵问题严重，西部地区部分基础设施使用率过低，整体运行并不顺畅，对系统效率和综合效益考虑较少。二是对差异考虑不足，一方面，对于多元化多样化需求保障有待提升，对新需求新趋势响应较慢，如对城市通勤的指导作用有限，顺风车、拼车等组织模式管理较为滞后；另一方面，对于特殊人群出行保障有待提升，对老年人、残疾人等出行保障不足，特别是欠发达地区老年人、残疾人出行仍然是难点问题，对孕妇等行动不便者、家庭出行等特殊出行需求考虑的较少，供给保障差异化水平仍有待进一步提升。

4.南北区域交通运输发展差距统筹较少

除常见的四大板块、城市群等尺度外，从空间区域发展情况来看，以我国地理南北区域为划分，其交通运输发展差异也较为明显，拓展交通运输供需关系新维度，应在相关研究中强化统筹。根据当前数据可得性，以2018年为基准，南北区域综合交通运输网络呈现结构性调整，北方省市铁路规模增速更快，南方铁路网络规模扩大，北方高铁网络增长迅速。南北方公路网络差距不降反增，南方省市高速铁路网络、公路网络、高速公路网络规模和增速均高于北方。整体来看，随着我国综合交通运输大通道主骨架基本建立，南北地区干线交通差距正在缩小，但提升区域通达性、灵活性程度的公路规模差距仍然存在。

5.外部因素对区域交通运输供需调整影响作用凸显

在从交通运输内生因素层面调整供需关系的同时，外部因素也对交通运输与经济社会的互动关系产生影响。一是前置约束机制制约作用明显，如交通运输建设土地、环保等前置性审批要求趋紧，对交通运输项目建设制约作用凸显，这是由于部分交通条件不足地区为生态敏感、地质条件敏感、基本农田等区域，使得交通运输建设普遍进度较为缓慢。二是投资效率等决策因素影响交通运输供需关系优化，盲目投资、重复建设、资源浪费、资源错配等无效率投资带来交通运输建设冗余，降低交通运输供给的适配性。三是科技创新加速供需关系调整，大数据、物联网等先进信息技术极大地拓展了交通运输供需匹配范围，为传统交通运输供需关系调整提供了新路径新思路，有待在后续发展中深入应用。

三、因地制宜强化交通运输供需发展适配性

（一）提高东部地区交通运输供需匹配效率

1.扩充交通运输供给体系

从当前情况来看，东部地区交通运输供不应求问题突出。从不同交通运输方式来看，以公路领域供给短缺现象为代表进行分析。一是路网系统整体吸收消化能力不强，近年来，城际、城市路网繁忙路段拥堵现象突出，既有路网体系对于不断增长的机动车出行和日益频繁的城际、城市交通的支撑保障能力十分有限，长时间拥堵现象突出，既有网络设施下及时化解、有效应对拥堵的手段不足，成为区域间瓶颈路段，亟待完善优化。二是跨江跨海等功能性通道和节点路段供给不足的情况凸显，其中长江干线过江通道较为典型，特别是在长江下游地区，南京长江二桥、江阴大桥、苏通大桥等过江通道在节假日高峰出行期间多次被列入特别拥堵路段，过江通道、过境交通与城市出行功能尚未有效统筹，且与两侧路网集疏衔接不够流畅，节点路段成为整体路网运行的卡口。基于此，应加快推进航空、高铁等干线基础设施建设，强化区域快速集疏体系建设，加快推进公路建设与铁路、航空建设协同，推进过江通道等卡口瓶颈设施建设，配套推进相关服务、装备发展，以增加供给缓解需求缺口。

2.优化交通运输网络体系结构和功能

尽管东部地区交通运输整体处于领先水平，但其网络结构仍然不尽合理，不同交通运输方式内在的结构和功能也不尽完善，如普通国省道发展明显滞后，“高速公路、农村公路两头好，国省道中梗阻”的问题较为普遍，路网结构体系发展阶段参差不齐，系统运行效率受到限制。应从区域整体优化交通结构和功能，以县域或乡镇为单元，结合发展实际，通过设施建设和组织模式优化，强化多种运输方式的可达性，推进各种运输方式共同发展。重点加强高速铁路、城际铁路、民用航空等快速交通网的通达能力，提升区域交通的畅捷性。对于经济发展水平高、交通基础较好的区域，加强其与国际交通物流枢纽的联系，进一步提升其联通能力。同时，加强路网结构整体优化，加快推进能力不足路段扩能改造，以长三角、珠三角地区为重点，推进繁忙路段改造提升。

3.拓展交通运输与经济社会发展融合深度

交通运输作为经济社会发展的先行领域，结合东部地区发展阶段，以交通运输深度融合发展为渠道，提升交通运输发展对经济社会发展需要的反馈响应的灵敏程度，提升发展的精准性和支撑性。一是构建“交通+产业”组织模式，将交通物流优势转化为培育新兴产业、布局未来产业优势，推进农业、制造业、商贸流通业等与交通物流建设发展深度融合，推动交通运输支撑服务战略性新兴产业、延伸产业链条，提升产业中高端环节的组织优势。二是推动旅游交通深度融合，切实发挥既有旅游交通融合基础作用，重点提升与旅游相关的传统交通设施服务，推进“快旅”交通网络与“慢游”交通网络、跨区域“大交通”与地方性“小交通”的公路无缝衔接，围绕重点旅游区，加快建设旅游集散中心或游客服务中心，不断提升旅游交通的信息化服务水平和安全保障能力。三是探索交通运输与特色农业融合发展，结合共同富裕、乡村振兴等战略部署要求，进一步加大服务农村产业集聚发展的公路快速流通网络建设力度，充分发挥本地资源优势，通过大力推进规模化、标准化、品牌化和市场化建设，为农产品集聚统一面对市场提供支撑，实现快速网络覆盖重点产业、干线网络覆盖单一产业，使分散的鲜活产品及时集聚至集贸市场或产业园区，确保农产品由田间到饭桌的全流程畅通。

专栏3-2

《全国乡村产业发展规划（2020—2025年）》

对农产品流通的部署

以加工流通延伸产业链。做强产品加工，鼓励大型龙头企业建设标准化、清洁化、智能化加工厂，引导农户、家庭农场建设一批家庭工场、手工作坊、乡村车间，用标准化技术改造提升豆制品、民族特色奶制品、腊肉腊肠、火腿、剪纸、刺绣、蜡染、编织、制陶等乡土产品。做活商贸物流，鼓励地方在特色农产品优势区布局产地批发市场、物流配送中心、商品采购中心、大型特产超市，支持新型经营主体、农产品批发市场等建设产地仓储保鲜设施，发展网上商店、连锁门店。

4.推进具备条件的区域率先实现交通运输现代化

对标中国式现代化发展要求，充分发挥东部地区先发优势，先行探索推进交通现代化建设，为其他地区探索经验，重点从以下四个方面着手。一是推进智慧交通运输供给，整体布局地面、地下、空中各类交通基础设施，同步推进各类现代化物流运输服务组织，围绕经济社会发展和现代化产业体系建设发展要求，形成畅通便捷的交通流转系统，衔接未来城市交通。二是打造农村地区现代化交通供给体系，围绕乡村振兴发展要求，全面改善乡村地区交通物流条件，提升交通基础设施覆盖面和通达程度，提高交通物流服务品质，加快农村寄递物流体系建设，实现包括设施畅通、服务畅通等的全方位畅通，同步对标城市交通设施服务水平，实现城乡交通一体化发展。三是加强绿色交通供给，贯彻绿色发展理念，围绕自然生态、人文生态和经济生态原理，推动交通运输发展实现环境友好、节约集约、能源清洁、排放科学等目标。四是拓展交通运输供给文化功能，重点挖掘交通发展产生的区域人文价值，加强与地方旅游民俗特征结合，以交通发展为承载平台，构建区域形象发展窗口。

专栏3-3

《中共中央 国务院关于支持浦东新区高水平改革开放打造社会主义现代化建设引领区的意见》相关部署

（十一）加快共建辐射全球的航运枢纽。加快同长三角共建辐射全球的航运枢纽，提升整体竞争力和影响力。强化上海港、浦东国际机场与长三角港口群、机场群一体化发展，加强江海陆空铁紧密衔接，探索创新一体化管理体制机制。在洋山港试点实施与国际惯例接轨的船舶登记管理制度。研究在对等条件下，允许洋山港登记的国际航行船舶开展以洋山港为国际中转港的外贸集装箱沿海捎带业务。推动浦东国际机场与相关国家和地区扩大航权安排，进一步放宽空域管制，扩大空域资源供给。

（二）畅通中部地区交通运输供需体系循环

1.完善中部地区交通运输网络体系

根据中部地区经济社会发展实际需要，加强交通运输对区域经济发展的支撑引领作用。从中部地区发展情况来看，其交通运输网络规模、密度、结构相较经济社会发展潜力、庞大人口规模、产业发展趋势等仍然存在差距，应在加快既有基础设施升级的同时针对性强化区域综合交通网络，以增加交通运输网络为重点，提升交通运输发展的通达度、便捷度、灵活度等。结合实际发展条件，在中部地区应进一步细化发展单元，以人口密集的县乡等为节点，重点优化拓展铁路、航空、水运等相关运输方式布局，强化与周边综合交通枢纽直达，丰富客货运输方式选择。同时加强内部交通网络建设，便捷县域乡村与县城、乡镇间联通，畅通县域内部循环，实现区域整体网络规模扩大和发展位势提升。

2.提升中部地区承东启西作用

结合中部地区区位特点，利用内陆地区辐射广、成本低、效率高的优势，发挥其承东启西的衔接与转换的作用，打造形成各种要素大聚集、大流通、大交易的运输经济业态，带动区域农业、制造业、商贸等产业集聚发展，全面提升交通运输综合竞争优势和规模经济效应。其中以枢纽经济为代表，重点提升国际枢纽位势、强化辐射带动作用，以跨境电商综合试验区、综合保税区、保税物流中心及功能性口岸为依托，积极推动中部地区城市跨区域、高层级、多元化进口贸易平台载体建设和功能优化提升。结合区域产业特点，加快推动进口化妆品、食品、保健品等跨境电商交易基地和药品、生鲜、粮食、汽车整车等全国性特种进口商品集散基地建设，扩大进口商品规模品类，积极发展进口跨境电商“网购保税+实体新零售”“前店后仓”“进口退货中心仓”等模式，拓展展示交易、保税仓储、分销配送、金融服务等多元功能，强化对国际进口商品的资源、货源的组织调配能力，从而提升其在内陆地区转运辐射影响力。

专栏3-4

《中共中央 国务院关于新时代推动中部地区高质量发展的意见》相关部署

·加快内陆开放通道建设。全面开工呼南纵向高速铁路通道中部段，加快沿江、厦渝横向高速铁路通道中部段建设。实施汉江、湘江、赣江、淮河航道整治工程，研究推进水系沟通工程，形成水运大通道。加快推进长江干线过江通道建设，继续实施省际高速公路连通工程。加强武汉长江中游航运中心建设，发展沿江港口铁水联运功能，优化中转设施和集疏运网络。加快推进郑州国际物流中心、湖北鄂州货运枢纽机场和合肥国际航空货运集散中心建设，提升郑州、武汉区域航空枢纽功能，积极推动长沙、合肥、南昌、太原形成各具特色的区域枢纽，提高支线机场服务能力。完善国际航线网络，发展全货机航班，增强中部地区机场连接国际枢纽机场能力。发挥长江黄金水道和京广、京九、浩吉、沪昆、陇海—兰新交通干线作用，加强与长三角、粤港澳大湾区、海峡西岸等沿海地区及内蒙古、广西、云南、新疆等边境口岸合作，对接新亚欧大陆桥、中国—中南半岛、中国—中亚—西亚经济走廊、中蒙俄经济走廊及西部陆海新通道，全面融入共建"一带一路"。

·打造内陆高水平开放平台。高标准建设安徽、河南、湖北、湖南自由贸易试验区，支持先行先试，形成可复制可推广的制度创新成果，进一步发挥辐射带动作用。支持湖南湘江新区、江西赣江新区建成对外开放重要平台。充分发挥郑州航空港经济综合实验区、长沙临空经济示范区在对外开放中的重要作用，鼓励武汉、南昌、合肥、太原等地建设临空经济区。加快郑州—卢森堡“空中丝绸之路”建设，推动江西内陆开放型经济试验区建设。支持建设服务外包示范城市。加快跨境电子商务综合试验区建设，构建区域性电子商务枢纽。支持有条件地区设立综合保税区、创建国家级开放口岸，深化与长江经济带其他地区、京津冀、长三角、粤港澳大湾区等地区通关合作，提升与“一带一路”沿线国家主要口岸互联互通水平。支持有条件地区加快建设具有国际先进水平的国际贸易“单一窗口”。

3.强化内需消费支撑保障

围绕人民生活品质改善和对美好出行的需要，强化中部地区内需消费潜力释放的交通运输支撑，促进交通物流多元化、差异化、绿色化、体验化发展。服务品质消费需求，以交通运输网络节点为依托，推进“枢纽+高端消费”协同，结合交通物流枢纽建设形成高附加值消费品组织枢纽，承接海路、陆路、空路等多向运输产品流通组织，在区域和全国范围内强化重点品类、特色产品流通配置。研究探索中部地区消费中心城市交通物流发展路径，加快市内免税店等政策落地，转变传统消费模式，提高公共交通物流支出效率。强化新型消费交通物流支撑，推动交通物流与数字消费、信息消费、绿色消费的融合，探索提供定制化、体验化、智能化等物流服务，包容审慎推进企业开展各类消费服务创新。

4.增强应急需求响应供给保障

从新冠疫情防控、防汛等相关情况来看，中部地区交通韧性发展诉求进一步提升，应加快构建交通运输应急管理供给体系，结合重大突发公共事件，建立针对性交通基础设施隐患排查、平急转换等机制，加快应急设施建设储备，切实保障应急响应期间交通运输有序组织和开展。同时，持续推进安全保障，加强安防设施建设，农村公路作为道路交通事故高发地带，应以农村地区为建设重点，应加快补齐配套设施短板，特别是在地形地貌特殊、事故多发等地段，加强农村公路交通安全隐患治理，建设农村公路安全生命防护工程，及时改造四类、五类危桥，配套建设必要桥梁，完善农村公路交通标志、标线和指路标识，夯实交通运输供给安全基础。

（三）提升东北地区交通运输供需匹配精准度

1.增强东北地区交通功能

统筹考虑东北地区工业、农业以及林业、矿产资源分布等各类情况，在保障经济社会发展和交通运输需要的同时，重点突出其专业化功能化需求，持续推进农机道、林业路、资源路等专用道路的建设保障，同步做好产区林区厂区配套路建设，服务生产生活各类需要，支撑区域重点产业建设发展。同时，做好各类产业转型专用交通向综合交通运输体系衔接转换，结合资源枯竭、独立工矿区、老工业城市等相关区域产业转型方向进行针对性改造提升，加强区域专用道路与县城及城市中心区衔接，推进路网整体统筹。

2.推进交通运输服务产业转型

结合东北地区转型发展需要，优化交通运输发展供给，针对工业转型需求急切的区域，全面畅通产业集聚园区与周边主要运输通道的连接，并围绕工业产品特点，差异化增强不同产业类型的专业化运输能力。依托工业化后期第三产业快速成长的机遇期，加快推进交通运输业向生产服务型转变，加强与电子商务及金融等领域协同发展，提高与现代制造核心竞争力相匹配的水平。与此同时，在相关区域提升客运服务能力和品质，强化跨运输方式组织衔接，营造快速便捷的出行体验，满足更高频次、更高质量人员流动的需要。

3.强化交通运输与生态保护协同

依据《全国主体功能区规划》及各省级主体功能区规划，合理引导东北农产品主产区、重点生态功能区等相关交通物流发展，提高对农业农村发展和生态环境保护的交通保障能力，探索精品农业等产品相关物流配套保障。提升资源产区与城区直连，提升人员、物资运送效率，加强区域交通对于资源开发配套生活区的联通，便捷人员生活，保障资源开发运转。同时，应统筹考虑交通发展面临的生态约束条件，合理谋划发展规模和节奏，谨慎论证交通运输项目建设的科学性，构建与生态承载力相适应的区域综合交通运输体系，将绿色低碳理念贯穿交通运输建设生产的全过程，同时提升交通基础设施生态景观功能，培育能够满足生态资源价值开发需要的运输服务。

4.发挥区域枢纽节点的带动引领作用

根据东北地区口岸、综合交通枢纽等建设情况，其交通运输节点对周边区域有较强的拉动作用，是区域经济发展的主要增长极之一。应立足现代综合交通运输体系建设发展情况，推进东北地区综合交通枢纽与既有综合交通运输大通道充分对接，以综合交通枢纽为着力点，推动区域交通发展融入国家综合立体交通网的协同联动。重点提升国家物流枢纽城市、综合交通枢纽城市、重要枢纽场站的发展水平，打造多种运输方式高效衔接的现代化交通枢纽，加强周边区域交通物流与主要枢纽衔接，提升枢纽集散能力和区域物流供应链组织能力。

（四）丰富西部地区交通运输供给体系

1.补齐西部地区交通运输发展短板

把握西部地区交通运输发展后发机遇，统筹西部地区交通运输各类服务场景，因地制宜、分类推进客货运输精细发展，以丰富多元的供给体系满足区域交通运输需求。在客运方面，持续推进公平普惠客运交通服务覆盖保障的同时，切实满足交通出行差异化需求；充分运用交通运输服务平台，利用信息化技术化等手段，发展“互联网+”等多种灵活运输模式，满足居民快速出行、慢速出行、边旅边游等多种需求；灵活设置旅游班线、推进定制公交等，提供多元化多种类服务；保障各类人群出行需要，切实保障老年人、残疾人、孕妇、家庭群体等的实际需求，通过预约响应等方法，增加专门性服务。在货运方面，全面统筹交通物流现代化发展需要，提供便捷丰富的物流运输服务，适应当前线上线下消费同步推进的趋势，在保障兜底性货运服务的同时，探索增加各类货运物流服务供给，在具备条件的区域推进社区团购等物流组织新模式，提供多样化、精准化运输服务，结合实际推进定制化物流服务产品，满足各类企业、各类人群的货运物流需求。

2. 以县域为单位推动交通运输供需适配

结合西部地区地理人文特点，发挥城市群、都市圈发展极对于区域发展的辐射和引领作用，缩小发展单元，重点以区、县发展为单位，优化重塑交通运输供给思路。一是以县域交通支撑引领以县城为重要载体的城镇化建设，加强乡镇、农村地区与县城的沟通交流和物资往来，提升西部地区县级行政单元的整体竞争力，以城乡融合为重点，推进县域交通与中心城区联通，全面提升县域交通品质，通过以市政化建设等方向进行引导，以县域交通现代化推进城市、区域整体交通发展。二是以县域交通为纽带融入城市群、都市圈建设，发挥县级行政单元在城市群、都市圈建设中的支点作用，提升县域交通整体的灵活性和活跃度，在区域综合交通网络规划中全面考虑县域交通发展需要，将县城、县级市以及人口密集的特大镇城际铁路、市域（郊）铁路的设计纳入规划，提高规划发展的精细化程度。

3.推进交通运输服务西部开放

结合新时代推进西部大开发形成新格局的相关要求，以交通运输联通为先行，服务西部地区交通运输对接国际运输需要。一是加强国际运输开放通道建设，把握西部陆海新通道等发展机遇，加快推进中欧班列建设发展，全面加强西部地区综合枢纽和流通体系建设，打造构建内陆多层次开放平台，优化运输组织模式，针对性加强产业园及其他园区公路、专用铁路、仓储保鲜冷链等专业化物流设施短板建设，改造提升农村寄递物流基础设施，深入推进电子商务进农村和农产品出村进城，推动城乡生产与消费有效对接。二是强化沿边交通运输供给，推动沿边交通发展与总体安全要求相结合，提升沿边县市生产生活保障和战略安全保障能力，重点加强沿边县域交通网络实现通达覆盖，加强与周边主要城市、人口密集区域路网衔接，加强与口岸道路等功能性道路衔接，提升运输服务保障，拓展快递物流等服务覆盖范围。

专栏3-5

《中共中央 国务院关于新时代推进西部大开发形成新格局的指导意见》相关部署

·强化开放大通道建设。积极实施中新（重庆）战略性互联互通示范项目。完善北部湾港口建设，打造具有国际竞争力的港口群，加快培育现代海洋产业，积极发展向海经济。积极发展多式联运，加快铁路、公路与港口、园区连接线建设。强化沿江铁路通道运输能力和港口集疏运体系建设。依托长江黄金水道，构建陆海联运、空铁联运、中欧班列等有机结合的联运服务模式和物流大通道。支持在西部地区建设无水港。优化中欧班列组织运营模式，加强中欧班列枢纽节点建设。进一步完善口岸、跨境运输和信息通道等开放基础设施，加快建设开放物流网络和跨境邮递体系。加快中国—东盟信息港建设。

·构建内陆多层次开放平台。鼓励重庆、成都、西安等加快建设国际门户枢纽城市，提高昆明、南宁、乌鲁木齐、兰州、呼和浩特等省会（首府）城市面向毗邻国家的次区域合作支撑能力。支持西部地区自由贸易试验区在投资贸易领域依法依规开展先行先试，探索建设适应高水平开放的行政管理体制。加快内陆开放型经济试验区建设，研究在内陆地区增设国家一类口岸。研究按程序设立成都国际铁路港经济开发区。有序推进国家级新区等功能平台建设。整合规范现有各级各类基地、园区，加快开发区转型升级。鼓励国家级开发区实行更加灵活的人事制度，引进发展优质医疗、教育、金融、物流等服务。办好各类国家级博览会，提升西部地区影响力。

·加快沿边地区开放发展。完善沿边重点开发开放试验区、边境经济合作区、跨境经济合作区布局，支持在跨境金融、跨境旅游、通关执法合作、人员出入境管理等方面开展创新。扎实推进边境旅游试验区、跨境旅游合作区、农业对外开放合作试验区等建设。统筹利用外经贸发展专项资金支持沿边地区外经贸发展。完善边民互市贸易管理制度。深入推进兴边富民行动。

4.创新交通运输资源开发利用模式

由于西部地区交通运输供给以新建为主，应利用增量开发优势，重点强化其建设发展开发利用模式，统筹考虑国土空间开发保护的需要，集约节约利用通道资源、土地资源、岸线资源等国土资源，优化各类交通设施布局选线，强化区域综合交通内部、交通与其他基础设施发展等统筹谋划，如在各类桥梁隧道通道建设时，推进复合型通道建设，提高资源利用效率。针对西部自然条件恶劣、发展基础薄弱的地区，重点应结合其自然地理特点，推进通自然村（组）公路建设，逐步消除农村公路“断头路”“瓶颈路”“回头路”，加快实现农村公路进村入户，全面强化交通运输兜底保障功能，同时优化灾害频发地区相关资源利用机制，确保相关资源能够及时保障灾后修复需要。

（五）加强城市群、都市圈尺度下交通运输供需适配性

1.加快推进城市群、都市圈交通运输一体化发展

强化以城市群、都市圈为单元的交通运输供需关系，加快推进交通运输一体化发展，加快构建形成城市群、都市圈尺度下的交通运输供需匹配机制。一是加快推进城市群交通基础设施联通，推进轨道交通、公路等设施互联互通，推进市域（郊）铁路等建设发展，有效提升城市群网络形成水平，提高区域一体化的程度，重点结合城市群网络的等级、密度和结构，因地制宜优化交通运输建设发展。加快建立城市群、都市圈交通运输发展机制，利用宏观规划手段依托城市群交通一体化发展布局推进城市群既有空间格局调整，通过基础设施有效连接，打破原有行政空间范围，优化城市群、都市圈空间格局。二是推进交通运输发展协同，推进核心城市各组团和周边中小城市间的专业化分工协作，形成差异化、特色化发展，实现功能互补，其中以交通枢纽为重点，推进港口群、机场群体系化建设，提升整体影响力和竞争力，加强城市群铁路枢纽合理分工和协调运行，优化枢纽和线路布局，应用物联网、云计算、区块链等新技术，推进不同运输方式客运换乘“零距离”、

物流衔接“无缝化”。

专栏3-6

《长江三角洲地区交通运输更高质量一体化发展规划》发展目标

到2025年，以一体化发展为重点，在精准补齐发展短板基础上，加快构建长三角地区现代化综合交通运输体系。一体化交通基础设施网络总体形成，对外运输大通道、城际交通主骨架、都市圈通勤网高效联通，基本建成“轨道上的长三角”，铁路密度达到507公里/万平方公里，省际公路通达能力进一步提升，高速公路密度达到500公里/万平方公里，世界级机场群和港口群全球竞争能力显著增强。一体化运输服务能力大幅提升，中心城市之间享受1～1.5小时客运服务，上海大都市圈以及南京、杭州、合肥、苏锡常、宁波都市圈内享受1小时公交化通勤客运服务，传统公共交通、城际客运与个性化、定制化客运服务有效衔接，运输结构持续优化，铁路和水路货运量年均增长率不低于5%，现代化多式联运与城乡物流配送效率明显提升。一体化发展机制更加完善，三省一市协同共建机制更加健全，政策、标准等充分对接，城际轨道交通一体化运营管理机制取得突破，民航、港口一体化协同发展取得更大进展，运输市场一体化运行更为有效，形成交通一体化体制机制改革创新的“长三角样板”。智能绿色安全发展水平大幅提高，大城市中心城区绿色出行分担率超过65%，交通科技创新体系基本形成，信息服务基本实现共享共用，交通环境污染和排放联防联治取得积极成效，资源利用效率明显提升。

2.构建多层级网格状城市群、都市圈交通网络

当前，我国部分区域出现“泛都市圈化”现象，部分城市依托轨道交通“摊大饼”向外粗放扩张发展。我国已进入城镇化发展的中后期，超特大城市及周边城镇形态已基本形成，应基于城镇人口增量和城市存量调整空间，综合考虑运输需求、财力、生态环保等因素，合理规划确定都市圈轨道交通网络的规模和结构。一是优化交通网络层级，应优化调整以轨道交通为骨干的都市圈交通网，充分发挥不同技术特征轨道交通和地面公共交通比较优势，构建与多中心、多层级、多节点的城镇空间形态和功能相适应的网络布局，结合实际需求明确发展重点。二是合理优化“1小时通勤圈”建设。目前，多数都市圈轨道交通网络布局是以中心城市中心区为核心向外辐射，目标多为构建中心城市“1小时通勤圈”。但都市圈不仅仅有一个通勤中心。若单纯构建以中心城市为核心向外辐射的轨道交通通勤网，将会进一步增强都市圈中心城市的极核化发展，不利于打造形成多中心、多层级、多节点的都市圈城镇空间形态。

专栏3–7

《关于推动都市圈市域（郊）铁路加快发展的意见》明确功能定位和技术标准

·功能定位。市域（郊）铁路主要布局在经济发达、人口聚集的都市圈内的中心城市，联通城区与郊区及周边城镇组团，采取灵活编组、高密度、公交化的运输组织方式，重点满足1小时通勤圈快速通达出行需求，与干线铁路、城际铁路、城市轨道交通形成网络层次清晰、功能定位合理、衔接一体高效的交通体系。市域（郊）铁路应突出对都市圈

主要功能区的支撑和引导，线路尽可能串联5万人及以上的城镇组团和重要工业园区、旅游景点等并设站，提高客流聚集能力。

·技术标准。市域（郊）铁路新建线路单程通行时间宜不超过1小时，设计速度宜为100～160公里/时，平均站间距原则上不小于3公里，早晚高峰发车间隔不超过10分钟，具体技术标准应根据客流需求、服务范围、工程条件、用地标准等合理确定。统筹生态环境保护要求和工程环保措施效果，优化选址选线，集约节约通道资源，合理确定新线敷设方式，原则上以地面建设为主，困难路段可考虑采用高架方式，进出枢纽的个别路段可研究采用地下方式。从严控制工程造价，新建线路直接工程费用一般不高于同一地区轻轨工程费用的75%。

3.提升城市群、都市圈交通供给精细化水平

以产业布局、城市空间开发、人口出行流动为重点，推进交通运输与区域经济社会发展深度耦合，优化供需匹配关系。一是加快推进枢纽经济建设，发挥交通运输要素组织集聚作用，以城市群、都市圈的发展进行整体统筹，依托机场、高铁枢纽、港口等发展枢纽经济，重点推进区域内中小城市枢纽经济区建设，以交通物流发展形成中小城市策源组织能力，与中心城市枢纽错位互补，因地制宜推进区域交通物流偏好型产业及相关配套产业集聚，加快构建区域货运物流通道，建设区域货运物流枢纽、重点物流园区，结合区域产业实际提升供应链组织服务水平，推进区域产业链优化提升。二是提升枢纽综合开发水平，利用交通基础设施在城市空间开发中的网络框架作用，扩大市域（郊）铁路、城市轨道、客运公交等服务对商业集聚区、居住集聚区、城市旅游景区等的覆盖，合理利用周边地上地下空间，推动交通枢纽站

点与周边区域有机衔接，科学推进TOD等相关交通综合开发模式应用，推进站城一体开发，优化城市发展形态布局。三是加快推进城市群、都市圈的供应链组织建设，以枢纽经济区和主要交通枢纽为核心，构建辐射国内国际的物流通道网络，贯通联通周边省区的综合运输大通道，建立区域供应链组织平台，依托投资合作、航线合作、物流园区建设合作等形式提升辐射组织能力，优化优势产业区域内分工和协作效率。四是完善城市群、都市圈出行链，推进城际公交班车运行，提高商业集聚区、居住集聚区间重点时段公共交通服务频率，探索推进城市轨道交通快慢车组合服务模式，加快提升都市圈通勤服务水平。

4.统筹服务其他中小城市和县城交通运输发展需要

在城市群、都市圈交通运输供需关系中统筹中小城市、县城交通建设发展，以加强中小城市、县城交通发展承载力为重点，推进其有效融入区域综合交通网络整体发展布局。一是加快推进中小城市区域协同联动，强化与邻近城市群基础设施联通，加快推进过境高速公路、高速铁路、城际铁路、普速铁路、民航机场等对外通道枢纽布局优化，以内外便捷通达为重点，推进对外交通与城市内部交通有效衔接，推进城市快速路、城市轨道交通等建设发展，对标大都市发展情况，全面提升中小城市交通运输服务质量。二是强化县城交通建设发展，立足区域整体发展实际因地制宜推进县城交通建设，以补短板强弱项为重点，提升县城出行便捷度，提升县域交通连通周边城市及区域主要交通枢纽的通达性，提高县城道路、停车场、综合客运站等主要交通设施建设发展水平。三是辐射带动农村交通发展，推进农村交通与县城及所在城市和周边城市交通的衔接融合，合理增加县城与乡镇、村镇间的设施服务网络，加快补齐农村公路、农村客运、农村邮政物流等方面设施服务的短板与不足，在具备条件的农村地区推进普速铁路、通用航空等发展，促进城市交通服务向农村地区延伸覆盖，推进城乡交通服务一体化发展。

专栏3-8

《关于加快开展县城城镇化补短板强弱项工作的通知》

确定目标区域、建设领域和项目范畴

·明确目标区域。各地区要统筹配置城镇化补短板强弱项工作的公共资源，重点投向县城（县政府驻地镇或街道及其实际建设连接到的居委会所辖区域）新型城镇化建设，并在布局建设各类公共设施时，注重做好与邻近地级市城区同类设施的衔接配套。兼顾县级市城区（市政府驻地实际建设连接到的居委会所辖区域及其他区域），以及镇区常住人口10万以上的非县级政府驻地特大镇，将其一并纳入目标区域。

·明晰建设领域。各地区要瞄准市场不能有效配置资源、需要政府支持引导的公共领域，聚力推进17项建设任务。围绕公共服务设施提标扩面，优化医疗卫生设施、教育设施、养老托育设施、文旅体育设施、社会福利设施和社区综合服务设施。围绕环境卫生设施提级扩能，完善垃圾无害化资源化处理设施、污水集中处理设施和县城公共厕所。围绕市政公用设施提档升级，推进市政交通设施、市政管网设施、配送投递设施、老旧小区更新改造和县城智慧化改造。围绕产业培育设施提质增效，完善产业平台配套设施、冷链物流设施和农贸市场。

实施上述建设任务要区分轻重缓急，要响应疫情防控需求，优先支持公共卫生防控救治设施、医疗废物集中处置设施建设。抓紧落实《公共卫生防控救治能力建设方案》，加强公立医疗卫生机构建设，提高平战结合能力。抓紧落实《医疗废物集中处置设施能力建设实施方案》，健全医疗废物收集转运处置体系，推动现有处置能力提质扩容，防止疾病传播。

·界定项目范畴。各地区要坚持“缺什么补什么”，立足本地实际和发展急需，参照县城城镇化补短板强弱项项目范畴，因地制宜研究确定本地项目范畴。加快确定一批弥补本地突出短板、契合群众迫切需要的项目，以及一批公共性平台性程度较高、惠及较多群众及市场主体的项目，特别是能够尽快见效并形成实物工作量的项目。

四、区域视角下推进交通运输供需适配的政策建议

（一）完善区域交通发展配套政策体系

着重加强以区域空间为主要对象的交通运输发展谋划，充分认识不同空间尺度交通运输发展的重要性，切实构建以区域为主要对象的交通发展政策体系。尽快出台区域交通发展相关的指导文件，明确区域交通的发展思路，强化综合交通网络对于区域交通发展的统筹布局，加强对于南北区域等发展的思考。由于区域交通发展事权涉及不同层级政府，所以应区域经济社会及交通发展的需要，提升区域交通发展布局的科学性势在必行。围绕重点区域交通、城乡建设、农村交通等发展重点领域，出台具体指导文件及实施方案，进一步发挥政策对区域交通发展的指导作用。

（二）创新区域交通发展配套保障机制

区域交通发展具有较为明显的地方性特征，应充分利用好区域交通发展中的自主权，因地制宜构建灵活有效的区域交通发展配套保障机制。省、市级层面，对于经过国省干线公路、地方铁路等干线交通布局规划，应加强与

沿线政府的衔接统筹，引导相关政府和相关部门参与到上层交通发展规划中，并充分考虑地方实际需求。加强组织领导和部门协调，围绕区域交通发展重点任务，在设施建设和服务支撑等方面加快形成密切配合、多方支持的工作局面，加强发展改革、交通运输、财政、农业农村、自然资源、生态环境、住建等部门协同联动，统筹区域交通网络布局和相关建设规划。形成区域交通工作机制，协调解决项目审批、资金筹措、土地利用、环评批复等方面的问题，对于政府事权、地方需求突出的项目，适当调整和简化审批流程与环节。

（三）加强区域交通发展要素保障

统筹考虑区域交通发展中的土地、资金、人才、信息等要素，结合区域实际予以倾斜保障。土地要素方面，加强区域交通与国土空间开发保护等相关规划及土地政策衔接，推动区域交通发展用地、环境评价等相关环节简化手续流程，在确保前期工作科学性的情况下降低流程操作难度，并对综合运输通道等重点项目做好前期预留计划。在资金要素方面，明确区域交通发展方向和目标任务，及时出台细化发展建设方案，按年度明确建设任务、责任分工、资金筹措方案以及其他配套保障措施，同时努力拓宽筹资渠道，积极引导社会资本参与，丰富融资来源。在人才要素方面，加强区域交通发展人才队伍建设，增加欠发达地区交通人才保障配备，强化使用与激励机制建设，改善人才保障的基础条件和软硬件环境。在信息要素方面，统筹考虑现代化区域交通发展，加强国家、省、市级区域发展相关信息向下流动，推进信息跨部门沟通流动，推进区域经济社会、交通运输、产业发展等相关数据互通共享。

（四）推进发展经验示范宣传

加强不同区域间交通运输发展经验共享，充分吸收既有发展经验，发挥试点效应，鼓励各地重视区域范围内的交通发展。全面梳理区域交通发展中的“好经验”“好做法”，及时通过各类媒体进行宣传引导。在国家层面总结示范区域空间交通运输发展相关路径模式，以行业管理部门为主，梳理具有代表性的区域交通发展经验，在行业系统中进行分享。借鉴“四好农村路”等宣传模式，鼓励地方总结自身发展经验，通过各种途径进行宣讲、分享，为地方部门发展提供参考借鉴。

第四章
交通运输领域新经济发展研究

内容提要：本章分析了新经济的内涵、发展趋势，以及新经济与交通运输的关系。重点分析了物联网、5G、区块链、人工智能、大数据、云计算、自动驾驶和新能源等新技术在交通运输领域的应用潜力和发力方式，这些新技术在交通运输领域推广应用而形成交通运输新经济形态后，将引发交通基础设施、能源结构、载运工具、运营组织、行业治理和运输服务发展领域的深刻变革。为推动交通运输新经济发展，建议打造融合衔接、智慧可靠的基础设施网络，打造资源节约、绿色环保的交通能源结构体系，构建先进智能、特色自主的交通装备体系，构建高效协同、多元共享的运营组织模式，打造适应智慧要求的新时代交通治理模式，构建优质便捷、高效综合的运输服务体系，建立机制完善、创新驱动的交通运输产业体系。

一、新经济与交通运输相关概念分析

新经济的概念最早起源于20世纪90年代的美国，是指在全球化的背景下，信息技术以及其带动的高新科技产业为主导产业的经济形态。但关于新经济的准确内涵和实质的探讨，始终是众说纷纭、莫衷一是，而且不断更新变化。21世纪以来，随着互联网、信息技术、新能源、智能制造等新领域的发展，以数字技术为背景的新经济已经成为全球各大经济体主要驱动力量。对新经济的研究热度不断增加，逐渐从一个特殊的经济现象演化成为一套复杂的经济体系。

（一）新经济的内涵

1.我国新经济的政策起源

2016年《政府工作报告》提出，“必须培育壮大新动能，加快发展新经济，要推动新技术、新产业、新业态加快成长”。这是“新经济”首次被明确写入我国《政府工作报告》，意味着全力发展以新技术、新产业、新业态为主要内容的新经济上升为国家层面的战略部署。

2.新经济的基本含义

人类经济的发展总是伴随不同经济形式的演进与融合，从农业经济到工业经济再到当今的新经济。任何一种经济形式都是随着新技术的发明而出现，再以新技术的广泛应用推动规模化发展，进而以新产业驱动的市场资源配合新机制的形成而趋于稳定。一旦实现了新产业市场的供求平衡，该经济形式将进入衰退期，也将迎来更新的或者融合的经济形式。美国经济学家迈克尔·曼德尔将新经济定义为，在经济全球化背景下，信息技术革命以及由信息技术革命带动的、以高新科技产业为龙头的经济现象，并认为新经济是建立在信息技术基础之上，追求的是差异化、个性化、网络化和速度化。复旦大学的华民教授将新经济定义为“一种以信息技术为基础、由知识要素驱动、以网络经济为核心内容的经济，或者简单来说，新经济=知识经济+网络经济”。上述两种定义主要聚焦在信息网络领域，范围比较狭窄。随着大数据、5G和云计算等的发展，以及响应碳达峰碳中和的时代要求，上述概念已不能充分体现“新”字。

3.本研究中新经济定义

本章将充分参考上述定义，结合时代发展，定义新经济是随着以云计算、大数据、物联网、移动互联网等为代表的新技术被广泛接受应用和经济发展新的动能要求的提出，而诞生的新产业、新业态、新模式等经济形态。新技术是孕育新经济的前提和动力，新产业、新业态、新模式是新经济的主要表现形态，新技术通过新产业、新业态、新模式形成供给、产生价值。

（二）新经济发展趋势

1.数字化支撑新经济蓬勃发展

数字技术日新月异并广泛渗透到多个领域，数据信息成为核心资源，数据变得越来越有价值。5G商用全面加速，世界进入万物互联时代，下一代互联网关键设备研发制造取得较大进展，IPv6（互联网协议第6版）商用超前布局。大数据关键技术与各行各业深度融合发展。云计算用户规模大幅增加，企业可享受到更加多样、便捷、弹性的服务。物联网NB-IoT（窄带物联网）网络覆盖面迅速扩大，行业应用快速发展。互联网平台功能越来越综合全面，平台经济紧密融入并深刻影响日常生产生活。移动支付持续普及，应用场景越来越丰富。工业互联网平台大规模商用，制造领域数字化转型升级突破发展。电子商务线上线下广泛融合，互联网对线下商业的改造得到深度拓展。

2.智能化主导新经济进入快车道

在数字技术和数字产业高速发展的基础上，计算机视觉、语音识别、生物识别、机器学习、自然语言理解、知识图谱、人机交互等人工智能关键技术经过多年积累，进入产业化和市场化应用的突破期，智能科技产业进入全面加速发展的新阶段。高精度、低成本的智能传感器研发应用步伐加快，我国与国外先进水平的差距有望缩小。智能可穿戴设备、虚拟现实产品、智能家居产品、服务机器人等开始进入百姓日常生活，高档数控机床、工业机器人、特种机器人、工控装备、智能工程机械、3D打印设备取得突破性进展。

智能网联汽车提速发展，无人驾驶航空器市场规模继续扩大。智能技术、智能产品在各领域广泛应用，智慧城市、智慧民生、智慧交通、智慧政务加速发展。

3.共享化推动新经济广泛扩展

随着信息技术高速发展，共享理念深入人心，基于追求使用权的共享经济从生活性服务业向生产性服务业拓展，分散的生产要素供需日益及时精准对接。制造企业生产能力资源与互联网平台全面对接，推动制造资源加速共享，提升企业快速响应和柔性高效的生产供给能力。知识技能共享服务更加专业化，推动技术技能人才实时共享和知识技能变现。科研设备、数据、文献加速共享开放，提升科技成果产出率和转化率。优质教育、医疗资源加速共享，推动稀缺资源在更广泛领域进行配置。交通物流资源加速共享，促进运输效率提升。

4.绿色化引领新经济价值追求

随着节能环保、互联网、生物科技等技术快速发展和绿水青山就是金山银山理念的全面落实，绿色生产生活方式加速形成，绿色发展成为新经济的重要趋势。太阳能光伏、风电机组、先进储能装置等多技术路线并行发展，新能源产业将保持稳健增长态势。节能设备和产品、环保装备、资源循环利用装备快速发展，节能环保产业成为重要支柱产业。新能源汽车多种技术迅猛发展，全产业链加速构建。绿色建筑材料、绿色施工、建筑工业化等全面推进，城乡建设模式和建筑业发展方式切实转变。绿色物流、绿色金融等低碳化现代服务业发展壮大，成为绿色经济的重要增长点。

（三）新经济与交通运输的关系

1.交通运输是新经济孕育成长的沃土

交通运输相关链条长，具有丰富的场景优势和巨大的流量优势，与人民生产生活密切相关，是新技术重要并将大有作为的领域。交通运输包含载运工具、基础设施和运营组织等要素，涉及的实体多、链条长，运行产生的数据多，对通信要求高，为5G、物联网、大数据、人工智能等新兴技术提供了丰富的应用场景。交通运输领域丰富的场景以及居民的高频出行需求和企业的反复货运需求，为新技术的迭代升级创造了试验场。经过试验成熟而正式投入后，新技术在交通运输领域形成新经济。

2.新经济是交通运输升级的潜力空间

新经济拥有信息化、智能化、高效化、迅捷化和网络化等特质，开放程度高、成本低、效率高、创新力和扩张力强。新经济将新技术和新知识应用于交通运输业，为传统的交通运输业赋能。因此，利用新技术，发展新业态、新模式甚至新产业，是交通运输领域推动动力转换和转型升级的重点。利用好新技术，积极发展交通运输新经济，将使交通运输业产生巨大的新兴发展空间（见图4-1）。

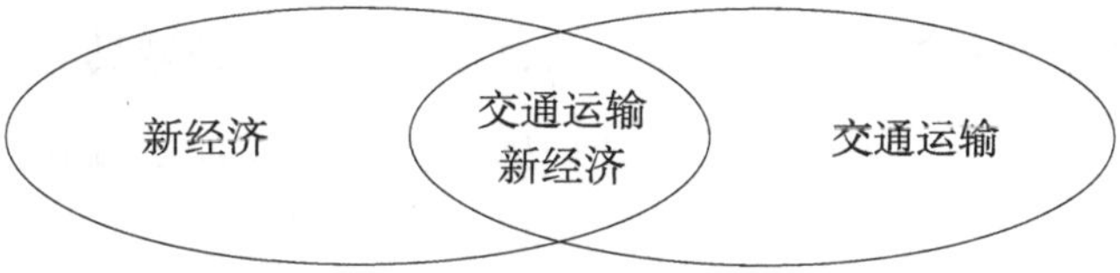

图4-1　交通运输与新经济的关系

3.交通运输新经济是重要内需增长点

交通运输新经济围绕交通领域，采取新的模式、孕育新的业态、提供新的产品，从而提高了供给侧的质量和效率。交通运输新经济有利于降低供给成本，提高供给效率，使需求侧在同等情况下形成更强的购买力，创造更大的有效需求（见图4-2）。交通运输新经济有效利用信息手段，降低交易成本，克服信息不对称等问题，为有效需求和匹配供给之间的交易创造便利，挖掘潜在需求，提高供需适配市场的规模。同时，交通运输新经济还升级供给产品质量，以更高质量的服务产品匹配不断升级的市场需求，促进供需适配在更高质量的市场上达到平衡。

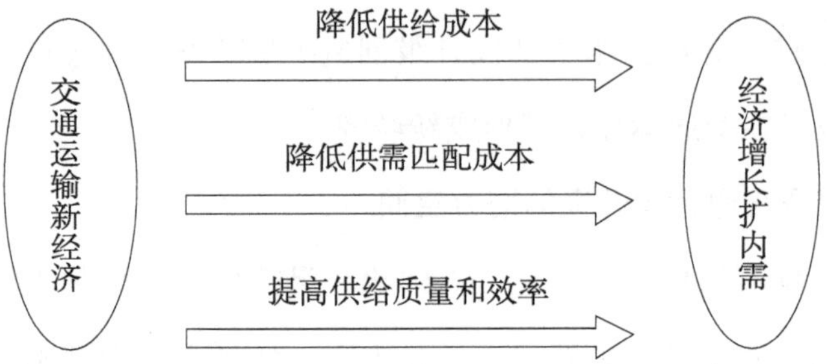

图4-2 交通运输新经济与经济增长扩内需的关系

二、新技术在交通运输领域的应用前景

新经济需要依托新技术创造新动能。结合政策导向及技术发展趋势，本书认为未来物联网、5G、区块链、人工智能、大数据、云计算、自动驾驶和新能源等新技术具有较大增长潜力，而且在交通运输领域具有很好的应用前景，有利于推动交通运输向技术驱动型转变，促进交通运输新经济成为增长动力源。

（一）物联网技术

2018年12月，中央经济工作会议提出要“加强人工智能、工业互联网、物联网等新型基础设施建设”，将物联网定义为新型信息基础设施。以RFID（射频识别）、传感器、无线网络等技术为核心的物联网技术与人工智能、5G等新技术融合，通过数据和信息集成使人、车和路能够紧密配合，改善交通运输环境、保障交通安全以及提高资源利用率。

一是实现海量数据全息感知。通过RFID和传感器等物联网技术，实现人、车、路、环境等数据信息的互联互通，为全面感知人车为主体的亿级交通实体属性数据、海陆空铁全方式交通数据以及数以亿计的设备产生的海量大数据提供支撑。二是推动智能基础设施变革。物联网技术的实施应用，依赖于基础信息网络、传感设备、智能控制设备、路侧/车载/手机端设备等设施的更新迭代，推动交通路网和枢纽设施的变革，助力构建新一代信息基础设施。三是提升交通出行服务水平。物联网可以实现交通方式之间、交通各参与者之间信息畅通，使运输服务提供者能全面感知各交通方式的状态，创新服务产品。

（二）5G

5G即第五代移动通信技术，呈现三大应用场景：增强移动宽带、超高可靠低延时通信和大连接物联网。5G网络的更高速率、更多连接、更低延时特点将给交通管理和服务带来巨大变革。美国无线通信和互联网协会（CTIA）2019年4月3日发布的《全球5G竞赛》报告显示，在新一代通信标准“5G”竞争上，中国和美国并列第一位。5G的出现将催生交通视频业务、智慧交通管理和物联网等应用需求。

一是交通基础设施更新。我国的通信运营商正积极部署新一代5G通信基站，将推动交通基础设施智慧化升级，推动交通枢纽、路网等新交通基建发展。二是交通管理服务升级。在车站、机场等交通枢纽和地铁、公交等公共交通工具上，在具有超高流量密度、超高连接数密度和超高移动性特征场景下，5G可以满足超高清视频监控、实时预警等应急管控要求，以及高速流量下载、实时信息推送、移动支付等公众服务需求。三是推动自动驾驶技术取得突破。5G提供了高效率、低延时的通信能力，提升了实时数据传输能力，构建了大通道传输网络，为自动驾驶技术发展成熟、部署应用等提供保障。

（三）区块链技术

区块链是基于分布式数据存储、点对点传输、共识机制、加密算法等计算机技术的新型数据库系统。区块链基于其去中心化、合约自动生成并执行、稳定可靠性、可追溯性、自治性、交易公开透明、不可篡改性等特点，从根本上改变了中心化的信用创建方式，打破了价值传递的障碍。区块链为交通领域中的大数据采集、传输、存储和验证提供可靠的保障机制，将改变交通运输领域的商业模式，为云计算、大数据、人工智能、5G等新一代信息技术在交通领域的深度应用创造更好条件。

一是提升交通联网信息安全。区块链通过共识机制实现更加安全可靠的认证存储，依靠加密与区块链技术保障交通运输海量数据的传输与存储安全，避免因中心化机构受攻击或权限管理不当造成大规模数据丢失、泄露和被篡改，能够为车联网、物联网、自动驾驶和大数据安全提供保障。二是提高交通路网运行效率。区块链技术可以实现实时记录载运工具位置，并结合路况实时预测拥堵情况，引导车辆行驶，减少交通大范围拥堵。三是提升运输组织效率。借助区块链技术可以连接政府和企业等各方主体，可将发货、运输、收货、交付等货物组织信息，以及旅客出行需求和交通供给等全流程信息进行处理，实现快捷交付。四是改进交通税费征收模式。区块链可提供电子代币支付交通违规罚款、停车费用等，推动不同路段/时间动态费率调整，可提供即时支付车费、即时征税等服务，可充分利用不同业务数据资源，提高车辆认证管理效率。

（四）人工智能技术

我国已成为人工智能发展最迅速的国家之一，中国信息通信研究院公布的数据显示，2023年我国人工智能核心产业规模达5784亿元。计算力的显著提升、多方位的政策支持、大规模多频次的投资以及逐渐清晰的用户需求驱动人工智能从实验室走向商业化，在交通领域可大力推动无人驾驶、车联网、智慧交通等“智能+”等的应用。

一是可以提升基础设施管理能力。通过人工智能视频算法、图像识别和传感器数据融合技术，能够自动识别监测桥梁病害、道路破损等健康隐患，提升航道排查、港口运营自动化能力，能大大节约识别响应时间，提升交通管理工作效率。二是提升应急决策能力。利用大数据、人工智能技术，实时动态监测重大枢纽、景区、活动场馆等的客流信息和交通事件信息，智能识别危险信号，及时动态跟踪事件进展，提高特殊事件的应急响应和处置能力。三是提升运输安全水平。交通管理部门可利用视频智能分析、自动检测等方式发现驾驶员危险驾驶行为等安全隐患，并可协助高铁站、航空、地铁等枢纽场所的安检工作，实现主动预测预警预防进行安全管理。四是重塑汽车产业生态。人工智能通过与现代通信网络技术、现代制造技术融合，实现V2X（车对外界）智能信息交换、共享，推动以无人驾驶为核心的智能交通产业链发展，构建无人驾驶汽车、无人货车、共享汽车等运输新模式。

（五）大数据技术

大数据是国家战略资源的一部分，尤其是交通出行产生的大数据呈指数级增长，数据驱动正成为新型智慧交通发展的突出特征，大数据认知计算、深度学习和知识图谱等技术将为交通管理和服务提供可靠支撑，充分挖掘和发挥海量政务和行业数据价值，推动业务、数据和信息技术融合，对于提升交通治理体系和治理能力现代化水平具有重要意义。

一是海量个体交通数据挖掘。大数据技术通过提升数据融合和挖掘分析能力，精准识别海量个体全过程出行特征和活动机理，构建个体出行时空特征画像和知识图谱，实现个体出行需求的信息整合和应用。二是交通应急管理水平提升。通过多源数据融合分析，实现基于复杂天气、交通事故、各种突发事件等各类感知数据实时分析，助力交通管理部门全面掌握交通态势并进行快速处置。三是交通管理决策科学。利用大数据全面分析交通可达性、停车位利用率和交通拥堵成因，支撑城市重大基建评估、重大政策制定和交通治理等工作，使交通运输和交通管理决策更加科学。四是运输服务品质提升。通过打通跨部门跨行业数据资源，获取整合客货运各交通运输方式信息，精准识别个体出行和货物运输规律和需求，整合各交通方式需求数据、运营数据和支付数据，为公众和企业提供定制化、个性化的运输服务。

（六）云计算技术

云计算分为底、中、上三层，底层为用户提供计算、存储和网络等基础服务，中层在存储、服务器、网络的基础上为用户提供软件开发平台（运行环境、中间件、操作系统），而上层则为客户直接提供完整的应用程序。云计算革新了数据共享的架构模式，对交通中的人、车、路等诸多方面进行云端统一智能化管理和资源统筹分配，有助于实现交通畅通、节能和便利。

一是交通信息基础设施更新。云计算提供可靠的基础软硬件、丰富的网络资源、低成本的构建方式和管理活动，有效加快计算、存储、网络资源和服务器等交通信息基础设施建设，解决政府部门、大型交通企事业单位面临的IT（信息技术）机房建设和信息系统维护难、人工成本和能源消耗巨大等问题。二是提升云管控能力。不同管理部门根据不同的需求共用云端资源，可强化实时交通动态仿真技术，构建交通平行推演系统，增强不同需求和不同层级的交通管控能力。三是降低交通管理成本。云计算可提高现有设备运行效率，改变管理部门专网专用、信息单向传输缺乏互动的封闭管理模式，避免重复建设，提升基础运行环境的使用效率。

（七）自动驾驶技术

当前自动驾驶技术发展路线主要分为单车智能和车路协同两种。以谷歌、特斯拉和百度为首的自动驾驶解决方案，基于各种感知数据，通过人工智能技术进行决策和车辆控制，在一定程度上即可实现单车自动驾驶。但随着单车自动驾驶技术提升空间饱和和交通环境复杂性增加，智能道路基础设施和车路之间的交互与耦合将逐渐对自动驾驶起辅助甚至主导作用。目前自动驾驶还处于开放道路测试阶段，世界各国纷纷出台鼓励政策，修改相应法律规范支持自动驾驶发展。

一是推动自动驾驶政策完善。自动驾驶技术的突破，促使世界主要国家开展自动驾驶测试、示范和商业化运营等相关法律法规、标准、指导政策的修订制定工作，推动自动驾驶管理平台、数据安全等政策研究。二是促进交通运输模式变革。自动驾驶使无人驾驶汽车、无人驾驶货车成为可能，在未来一定时间内，共享汽车出行、按需响应公交、自动驾驶微巴等出行新模式将逐渐成熟，无人机、无人车将在城市配送中发挥更大作用。三是推动交通空间集约。自动驾驶可提高车辆运输效率和道路通行能力，减少道路车道数、车道宽度和停车空间等，扩大公共活动空间。四是提升交通安全水平。自动驾驶车辆可以避免很多人为失误，能够大幅度提升驾驶安全率。

（八）新能源技术

我国交通运输领域能源消耗巨大，我国是仅次于美国的第二大交通运输业碳排放国。近年来，随着新能源成本下降和政策扶持，新能源汽车为交通运输行业带来巨大变革。据公安部交通管理局统计，截至2023年底，全国新能源汽车保有量已达到2041万辆。美国、日本、欧洲等国家和地区也均制定了新能源汽车长期战略。面对资源和环境等长期问题，为支撑我国实现“双碳”目标，新能源技术将成为交通运输新经济的重要内容。

一是推动汽车产业更新。新能源技术推动车辆全面更新换代，新能源车辆生产、销售逐渐成为主流，并与汽车智能网联、自动驾驶技术等实现融合发展。二是推进基础设施升级。新能源车辆推广与充电桩、加氢站等基础设施的布局密切相关，将进一步推进新能源加注基础设施建设和更新升级，满足全国范围内的充电/气需求。三是加快新能源汽车需求管理政策调整。新能源技术的进步推进新能源汽车更新换代，要求各城市结合实际情况调整汽车购买方面的需求管理政策。

三、新技术应用对交通运输发展的影响

物联网、5G、区块链、人工智能、大数据、云计算、自动驾驶和新能源等新技术在交通领域逐步应用后，通过人流、物流、资金流、信息流的汇聚和扩散影响交通运输发展的各个环节、各种场景，将对交通运输业的生产运行、行业管理和服务供给等产生深刻影响，引发基础设施、能源结构、载运工具、运营组织、交通治理和运输服务领域的深刻变革。

（一）新经济将引发交通基础设施的大调整大变革

一是以交通基础设施为载体推动数据体系建设。面向未来交通空间规划、政策调节、运营管控和出行服务等不同交通治理场景，依托数字化交通基础设施建立万物互联、全息感知的数据体系，支撑城市运行的长期跟踪监测和实时动态响应。二是建设信息高效率传输设施载体。城市群、都市圈和城市内交通联系日趋加强，不同区域间、系统间数据传输需求急剧增加，通过5G、物联网等技术的应用部署，为海量数据资源、数以亿计的联网设备提供低延时、高效率传输。三是推动新型智能计算设施建设。面向不同规模城市、不同场景、不同运算要求需搭建完整的智能计算平台，实现亿级交通实体和

海陆空铁复杂交通网络运行的快速推演研判。

(二)新经济为交通能源结构变革提供窗口期

一是改变交通用能结构。新能源技术推动纯电动、混合动力和燃料电池汽车销售比例不断提高，尤其是新能源汽车已经在中短距离频繁行驶、在城市交通等领域具有优于燃油车的经济效益，快速推广新能源汽车将有利于交通运输行业减少碳排放量。二是优化交通行业新能源发展路线。美国、欧洲和日本针对本国发展实际制定了多项新能源发展战略，在电动和氢能技术加速发展的背景下，我国应加强特色自主的新能源发展路线，在化学电池、燃料电池等方面还需有新的突破。三是创新交通管理政策措施。面对新能源汽车补贴退坡、公众对行驶里程担忧等不利因素，政府应通过政策激励、制度引导和创新示范等措施，提升新能源车辆的市场竞争力。

(三)新经济为交通装备工具的“换道超车”提供机遇

一是推动关键技术自主创新能力提升。新技术不断推动产业变革，但我国汽车、飞机、船舶动力等核心关键技术仍处于劣势地位，部分关键技术仍然受制于人，应进一步提升我国关键装备工具的自主创新能力。二是推动扩大领先技术优势。我国在高速磁悬浮、高速轮轨列车和基础设施建管养技术方面具有较强的领先优势，需在新经济发展大势下，保持低真空管道磁悬浮、桥梁隧道等关键技术的核心竞争力。三是因地制宜推动自动驾驶技术应用实践。自动驾驶车辆是未来必将大有发展的交通工具，自动驾驶技术在我国的进步，将促进不同地区根据自身的发展阶段、人口密度分布、交通方式和结构以及主要产业特征和城市差异化选择车路协同或单车智能的自动驾驶发展技术路径，实现自动驾驶技术的创新突破。

（四）新经济为交通运营组织跨越式发展提供机会

一是推动运输服务模式变革。面向未来的城市群、都市圈区域通勤出行和城市通勤出行乃至休闲出行的不同需求，需通过差异化交通运营组织，保障市民基本出行需求和按需响应的个性化多样化交通出行需求。二是推动与交通相关的土地空间更新。未来交通出行将呈现以电动化、共享化、自动驾驶等为特征的趋势，需按此要求，调整优化街道空间设计、路权空间分配、停车资源分配等，满足面向未来的空间集约高效利用要求。三是推动管理模式变革。面向自动驾驶道路测试、有人驾驶和无人驾驶混行等不同发展阶段，以及各种运输服务业态，需完善更新相应管理政策和法律法规，建设安全监管平台，引导新兴技术和业态模式良性发展。

（五）新经济对交通领域的深度数字治理提出新要求

一是参与全球交通数字治理。依托5G等技术推动“一带一路”沿线的航空、铁路、港口等交通走廊及重要枢纽的数字化建设，形成具有影响力的治理范式。二是推动区域交通数字治理。新技术为推动城市群的新一代基础设施互联互通建设、打造泛在感知的智慧城市群提供支撑，要求利用数字基础设施“幕后”的泛在数据，提升治理水平。三是推动城市交通治理。新一轮科技革命有助于强化交通管理的科学决策能力，推动建立大城市海陆空铁一体化的协同管控体系，实现枢纽、港口等多场景治理动态响应。四是推动片区交通治理。大数据、人工智能等新技术可实现对个体空间活动规律持续长期跟踪监测，为片区交通治理提供支撑。

（六）新经济催生全程全时高附加值运输服务

一是出行和货运服务数据集成。新技术的推广应用将为“出行即服务”（MaaS）付诸实施，打破跨区域、跨方式、跨部门的数据壁垒提供有利条件，通过信息集成、运营集成和支付集成，优化资源配置，提供个性化、全链条交通出行服务。货运领域的一站式、全链条、一体化服务同样将发展更加广泛。二是提供多元化运输服务。在客运领域，面向区域出行和城市的通勤、休闲娱乐、旅游等多样化需求，提供差异化的交通出行服务，新技术为市民提供“基本公交服务+个性化”的按需响应的公交服务等成为可能。在货运领域，新技术为促进供需有效对接，催生市场提供更加精准的供应链解决方案。三是提供融合化服务产品。新技术将促进交通运输发挥自身的大流量优势，成为其他服务产品的嫁接平台，针对旅客的休闲、旅游、购物服务，货主企业的金融、生产流程优化、选址布局方案服务等提供供给场景。

四、交通运输领域新经济发展的对策建议

聚焦新一轮科技革命发展趋势和其对交通运输业的重要影响，有助于推动新技术成为交通运输供给水平提升的重要驱动力，成为交通运输新经济的重要载体。我国需要打造数字化基础设施、绿色化交通能源结构、自主化交通装备、高效化运营组织、精明化交通治理、品质化出行服务和创新化产业发展七大体系，驱动我国交通可持续和高质量发展。应以扩大高质量新型供给，挖掘国内消费型需求潜力为导向，营造交通运输新经济投资环境，培育交通运输新消费和新投资的重要内需增长点。

（一）打造融合衔接、智慧可靠的基础设施网络

1.构建城市群智慧交通基础设施网络

一是优先推动综合运输大通道智慧化。全面应用5G、大数据、车路协同等技术，优先提升全国性综合运输通道基础设施和管理的智能化水

平，推进跨地区骨干网、市域网、接入网等信息基础设施建设。加强通道运输监管、应急服务和智能运维水平。二是推进城市群智慧交通枢纽示范建设。研究制定综合交通枢纽智慧交通基础设施布设标准指引，指导国际性、全国性和区域性综合交通枢纽的智慧基础设施建设或升级。积极推广5G等技术在综合交通枢纽的应用，选择部分超大城市的综合交通枢纽开展试点示范。

2.建设多层次市域智慧交通基础设施

一是推进智慧城市道路建设。研究编制全国智慧道路建设标准规范，指导各城市规范化建设智慧道路，重点结合北京、上海、广州、深圳等国内一线城市经验，新建或改建一批典型项目，作为智慧道路建设试点示范。二是推进智慧高速公路建设。研究制定高速公路智慧交通设施建设标准指引，深化5G和车路协同技术应用，推进智能路侧设备、车用无线通信网络和智能化道路基础设施部署，选取重点区域公路项目探索推广智慧高速公路建设。三是推进城市交通大数据平台建设。推动编制交通运输大数据采集、共享与安全方面的标准规范，研究制定城市交通大数据平台规划建设导则指引，选择北京、上海、深圳等超大城市建设城市交通大数据平台。

3.推动我国智慧交通基础设施“走出去”

强化与周边国家智慧基础设施互联互通。加强中国5G等优势技术标准化输出，推动中国标准与国际标准接轨，实现互信互认。鼓励国内交通建设企业积极采用我国标准建设国外智慧交通项目，打造一批全球领先的智慧机场、智慧港口和智慧高铁等国际枢纽。依托“一带一路”海外产业园区投资项目，推动与国外政府联合建设智慧交通示范区，输出中国智慧交通样板。

（二）打造资源节约、绿色环保的交通能源结构体系

1.推动传统燃油汽车节能减排

一是积极研究推广发动机能耗提升和碳捕捉技术。通过政策鼓励等方式支持小排放和燃油效率高的车型相关技术的研发，推动成型技术的量化投产。二是推动制定传统燃油车退出时间表。加强禁售传统燃油车顶层设计工作，明确传统燃油车退出目标优先级，推动全国各省市分阶段分区域制定传统燃油车销售比例要求，远期应完善存量燃油车退出引导政策。

2.完善新能源汽车政策体系

一是完善新能源相关政策。研究新能源后补贴时代的支持政策体系，积极推动新能源购置补贴政策动态调整，探索汽车节能减排税制、碳配额交易制度、乘用车燃油消耗量标准等政策。二是推进汽车电动化进程。加强汽车电动化政策引导，推动公交、出租、环卫、城市物流等服务领域车辆升级换代，在具备条件的城市特定区域设立零排放示范区。三是研究建立氢能供应体系。加强氢能等新能源燃料电池技术研发，完善氢燃料加注设施，在客车、物流车等商用车领域探索应用。

专栏4-1

欧盟推动交通低碳发展的主要措施

1.减少对化石燃料依赖。支持零排放汽车、船舶和飞机等载运工具的推广，推动可再生和低碳燃料使用，完善新能源加注设施，建立“排放控制区”等。

2.推动向可持续运输方式转移。鼓励城际客运联程联运、扩大铁路

运输市场开放，促进各国交通基础设施互联互通。发展城市公共交通、慢行交通和共享出行等。推动货物多式联运，提高卡车使用效率，提升城市内河运输功能等。

3.实施相关经济激励措施。统筹碳排放交易、基础设施收费、能源及车辆税等，推动所有运输方式覆盖外部成本的公平有效定价，改进通行收费政策，倡导全社会选择节能低碳运输方案等。

（三）构建先进智能、特色自主的交通装备体系

1.突破关键核心技术，提高装备自主创新水平

一是提升核心技术创新能力。提升汽车燃料多元化、船舶多模式立体综合通信导航、飞机动力与控制系统等核心技术的自主创新能力。二是攻克载运工具关键技术。攻克节能、低碳、智能等领域的关键技术，抢占新能源车辆研发制高点，推动自动驾驶技术“换道超车”。三是突破关键装备核心能力。突破重型直升机、无人运输机、大型民用飞机、无人机等相关新能源动力、高性能复合材料、精密制造的核心技术，提高关键装备的自主化、智能化水平。

2.保持智慧高速交通技术、数字交通土建等领先地位

一是提升磁悬浮列车关键技术。攻克时速600公里级磁悬浮列车关键技术，推动低流阻、低噪声、系统集成等跨越式创新，审慎开展上海到杭州超级高速铁路示范工程建设。同时开展时速1000公里级低真空管（隧）道磁悬浮列车关键技术研究。二是强化基础设施建管养技术。加快长寿命与绿色交通基础设施材料的开发应用，结合大数据、“BIM+GIS”技术，加大智能建造

成套技术研发力度，稳步提升桥梁隧道建造技术。

3.推广新型智慧交通装备应用

一是推进智能装备设备协同应用。在港口、机场、矿山等特殊作业区域，推广快递无人舱、无人机、无人车等智能化、集装化运输装备。二是推进载运工具升级换代。推动自动驾驶和新能源等新技术、新装备规模化应用，“十四五”时期推动多场景分区域自动驾驶车辆商业化示范应用，实现公交、出租等领域自动驾驶车辆规模化运营。

（四）构建高效协同、多元共享的运营组织模式

1.推动自动驾驶多模式测试和商业化运营

一是逐步完善自动驾驶测试相关法律。修改完善自动驾驶测试、验证、商业应用等方面的关键法律法规，鼓励并引导在海南、雄安、深圳特区先行先试自动驾驶立法，允许自动驾驶车辆开展高速公路、城市快速路、载人载物等场景测试，尽快实现各种道路场景可自动驾驶测试和运营示范。二是推动自动驾驶多模式多场景测试升级。鼓励公交、出租、物流等多模式和机场、港口、园区等多场景自动驾驶技术测试，推动基于5G的城市主干道路及高速和快速路智能化改造试点和仿真模拟测试验证平台试点建设，打造城区级5G-V2X应用示范先导区。三是推进自动驾驶车辆监管平台建设。加快自动驾驶和人工驾驶混行阶段影响研究，制定自动驾驶车辆监管平台建设导则指引，规范自动驾驶数据接入接出、车辆监测预警、车辆人工接管和应急调度标准流程，推进自动驾驶测试阶段数据采集和仿真模拟试验，建立自动驾驶测试场景库，推动混行阶段自动驾驶测试验证。

2.构建现代化智慧交通运营体系

一是推进智慧公共交通建设。全面完善城市公交信息采集标准，推动公交线网、运营数据等共享集成，制定电子站牌、Wi-Fi（无线网络）探针等设

备集成的智慧公交站台标准规范。二是推进智慧交通枢纽建设，研究制定机场、港口、车站等智慧交通设施建设指引，增加部署自动定位系统，完善设备感知网络，加快5G建设保障海量数据实时交互。整合高铁、地铁、公交、出租等营运信息，实现枢纽运营态势预测、站内客流分布实时掌控、多模式交通协同调度。三是推进高速公路新型收费模式建设。健全优化ETC（电子不停车收费）行业标准体系，推进ETC与移动支付、电子标识、北斗定位等技术融合应用，研究分时段、分路段费率折扣等经济调节措施。四是完善货物运输保障体系。利用“物联网+区块链”技术搭建智能合约信用机制，加强各部门物流等相关信息互信互认，构建航运、空运和铁路运输等多中心多式联运新模式。

3.打造新型智慧信号管控体系

一是构建新一代智慧信号管控平台。打破不同方式和各分散信号设备间的信息壁垒，制定统一的通信协议规范，推进智慧交通信号管控平台示范建设。加强信号动态优化和偏远地区信号机云管控应用。二是推进公交等特殊车辆的信号优先应用的示范建设。以车路协同、实时在线仿真技术为依托，攻克云、边、端计算技术难关，推进智慧路口公交车、救护车、警车等特殊车辆优先通过的信号应用。

（五）打造适应智慧要求的新时代交通治理模式

1.提升城市群一体化交通治理水平

推进区域交通一体化公共信息服务平台示范建设。建立跨地域的交通主管部门信息互通共享渠道，推动建设区域交通运输安全畅通与应急处置系统、区域路网运行信息联网工程，构建公安、国土、消防、气象等跨部门的信息共享或通报机制，实现城市群区域规划建设、交通治理、安全应急等业务协同。

2.打造城市级综合交通智慧管控示范区

一是推进海陆空铁一体化智慧管控平台示范建设。制定新一代智慧管控平台建设标准，强化多源数据融合、交通研判分析、态势预测预警和应急协同调度应用支撑，实现综合交通业务流程再造，大幅提升管控能力。二是推进实时在线交通仿真平台示范建设。研发实时在线仿真、人工智能监管等技术，强化城市交通实时管控能力，优先在交通拥堵区域、交通枢纽、复杂交通通道等交通运行区域，推动建立实时在线交通仿真平台。三是推进未来城市街道空间示范建设。面向未来共享化和自动驾驶发展场景，研究编制未来城市街道空间设计导则，同步配合自动驾驶示范运营，推动城市道路、停车和公共空间改造升级，提升街道智慧化水平。

3.完善升级城市交通需求管理政策

一是制定交通拥堵收费政策。推动城市交通拥堵收费许可政策出台，完善拥堵收费管理机制，各城市根据交通拥堵状况合理设置拥堵收费区域试点，利用成熟的收费技术手段推进实时动态收费调节交通拥堵，预计可使交通拥堵典型城市道路运行改善状况提升10%以上。二是推动动态停车收费应用。推进城市路内路外停车资源开放共享，推动全国具备条件的城市全面实施路内停车电子收费，已实施路内停车电子收费的城市，根据停车饱和度和道路运行状况开展实施动态停车收费。

4.打造片区交通治理示范区

一是建设片区交通治理集成示范区。应用人工智能、大数据和视频识别等技术总结行人出行活动规律，以新能源共享车辆、新型道路设施、新型公交服务、智能网联汽车与车路协同等示范应用为载体，推动建设智慧道路、智慧公交、智慧信号管控、智慧停车诱导、MaaS出行服务、无人驾驶及车路协同示范等综合创新集成示范工程，打造面向未来之城的片区交通治理示范区。二是推动社区微更新治理。选择高密度城市开展“自动泊车+社区微更新”治理，部署智能辅助设备，满足不同等级自动驾驶车辆的自动泊车需求，推动实施社区交通和道路景观提升工程。

（六）构建优质便捷、高效综合的运输服务体系

1.推进MaaS政策设计和服务发展

开展MaaS顶层设计研究。突破现有不合理的行政、数据壁垒，开展MaaS平台政策措施、制度设计和相关标准制定研究，制定各城市差异化发展的MaaS政策，研究制定企业准入准出、政府监管和数据安全等机制，构建政府引导、市场参与的MaaS可持续发展模式。

2.打造MaaS一体化出行服务示范

在区域层面，加强区域间出行信息共享，鼓励航空、铁路、长途客运等运输企业和互联网企业实现数据互联互通，优化整合全方式出行信息资源，推动城市间交通方式时刻表精准衔接、支付体系快捷联通、信息服务综合一体。在城市层面，在保障数据安全的前提下，鼓励互联网企业等各类经营主体整合多种运输方式的信息资源。在城市局部区域试点开展按需响应式公交出行服务，率先试点推行“MaaS+枢纽”应用，打通城际交通和合作区内部公交、出租车、网约车等方面的信息，提供一站式出行服务，形成商务、娱乐和购物相互渗透的“智能移动空间”。

3.鼓励一站式、融合型货运服务

利用新型信息技术，广泛采集和汇总货运过程中的物流信息，并融合供应链上下游特征，以及相关的资金、产品等信息，提供满足货主需求的综合服务产品，实现货运服务产品从位移向“位移+综合服务”的转变。同时，积极挖掘数据背后的资源，为企业的供应链决策更新优化提供科学高效、低成本的解决方案。

（七）建立机制完善、创新驱动的交通运输产业体系

1.完善产业发展政策环境

一是合理引导新技术在交通领域率先应用。优化新技术在交通领域应用过程中的市场准入和行政审批等制度，鼓励新能源汽车、智能驾驶等技术研发应用，规范发展网约车、共享单车、定制巴士等多样化的运输服务。二是制定政策奖励与投资机制。推动制定交通科技领域优秀人才、优秀项目的补贴、经费资助和奖励机制。三是推动完善更新《战略性新兴产业重点产品和服务指导目录》。鼓励交通新型技术的应用，将交通大数据平台、自动驾驶技术装备、液氢制造储运加注设备等产业纳入《指导目录》，推动相关产业快速发展。

2.推进产业创新发展实践

一是建设区域级交通科研机构。规划建立粤港澳大湾区、京津冀城市群等区域级智能交通国家工程研究中心、交通大数据国家工程研究中心等科研机构，以城市群核心城市的龙头创新机构、科研单位和高校为依托，通过资金补助和政策支持，鼓励跨区域、跨行业建设，促进区域级交通技术创新和产业发展。二是推动组建技术产业联盟。鼓励和引导企业、科研院所联合组建新兴技术产业联盟，在标准制定、技术研发、测试验证及试点应用等方面发挥联盟的协同效应，促进创新链与产业链的对接，推动多领域融合型技术研发与产业化应用。

第五章
新发展格局下交通运输制度供给优化研究

内容提要：交通运输制度供给是从畅通循环的角度促进交通运输供需适配。当前，以管理体制、法治体系、市场机制、要素运用等方面为核心的交通运输制度供给已不太适应构建新发展格局的要求。需将治理思维贯穿交通运输阶段性政策与制度性安排之中，建立重治理、弱管理的政府施策导向，完善外在与内在制度体系，树立竞争政策的基础性地位，畅通以资本为纽带的全要素循环体系。据此，需强化交通运输法治建设，完善政府治理体制机制，着力构建交通运输大市场，提升全周期要素配置能力。

一、交通运输供需适配与制度供给的基本关系

（一）制度供给的基本概念

1.关于制度

根据微观经济学假设，经济活动中的厂商和个人都是理性的，总是力图以最小的成本获取最大的经济利益。然而无约束的竞争行为必定增加交易活动的不确定性，通过信息不对称、公共物品和外部性引起市场失灵。根据科斯交易成本理论，为了规范经营主体的交易行为，最大限度降低交易成本，

引入“制度”的概念。诺斯（1981）认为，制度是“一系列被制定出来的规则、守法程序和行为的道德伦理规范，它旨在约束追求主体福利或效用最大化利益的个人行为”。

制度的范畴有狭义和广义之分，狭义的制度指具有外部强制性的正式行为规则，即外在制度（正式制度），包括宪法、法律、规定、条例、政策等；广义的制度就是经济主体需要共同遵循的契约关系和交易规则，既包括外在制度，也包括内在制度，即管理体制、政府调控、发展机制等非正式制度，内在制度可视为外在制度的替代。本章拟从广义制度的角度展开分析。

2.关于制度供给

制度供给是指具体的制度安排（杨瑞龙，1994），供给主体只能是政府，基本手段是改革。制度供给的核心内容是围绕理顺政府、市场和社会三者的关系，达到经济和政治的双重目标，即既要提高资源配置效率和促进经济发展，又要维持体制的政治支持和基本平衡。

同时，制度供给也面临着来自经济和政治的约束，是“非帕累托改变”[①]（樊纲，1993）。经济上，一方面，新的制度供给有自身的内部时滞和外部时滞；另一方面，时滞结束后会面临个体福利与社会总福利的再平衡。政治上，一方面，新的制度供给必须依照宪法、法律以及上位政治要求；另一方面，新的制度供给往往仍需维系部门和行业自身利益及与其他部门的基本关系。经济和政治上的约束也是改革难的主要原因。

3.关于制度供需适配

与产品供求类似，制度也同样存在供求均衡和适配问题。从政治经济学

① 即每一项改革不可能在不减少任何经济主体福利的条件下使社会总福利最大化，一部分人利益的增加可能要以另一部分人利益的损失为代价，每一个经济主体对每一项制度安排作出一致协议是不可能的。

视角看，制度需求来源于经济社会中生产关系不适应生产力的部分，当生产关系与生产力相适应时，能促进生产力的发展；当生产关系与生产力状况不相适应时，就会阻碍生产力的发展。从制度经济学视角看，发达国家的制度演变多表现为“由一个人或一群人在响应获利机会时自发实行”自下而上的制度变迁（林毅夫，1989），因此西方的制度经济学偏重于从需求角度研究制度安排。而随着近20年西方国家经济增长的停滞，越来越多的新制度经济学家认识到，制度供给是更为重要的。

制度供给也同样存在短缺或过剩，当生产关系与生产力状况不适应阻碍生产力发展时，一般为制度供给不足，表现为经济或行业运转效率低下，交易成本较高；当管制措施（行政手段）过多时则一般为制度供给过剩，表现为经济或行业生产不足，供需结构紊乱。

（二）新发展格局下交通运输制度供给的含义及相关关系

1.交通运输制度供给的主要含义和特征

面对国内社会主要矛盾变化和国际不确定性因素增加，我国适时提出了加快构建以国内大循环为主体、国内国际双循环相互促进的新发展格局。新发展格局下国内外经济社会表现出新特征，解决我国经济结构性问题成为工作重点，从商品和要素流动型开放向制度型开放转变。实现国内国际双循环需要国家治理效能的提升，治理效能的基础则在于高质量的制度供给。对于交通运输来说，基础设施、技术装备等总量已总体适应甚至部分领域区域已超前于经济社会发展需要，制度供给以服务扩总量、调结构为目标，全面深化改革进入新阶段。

为此，交通运输制度供给需要覆盖以下几个维度：一是交通运输政府治理体制机制，包括中央各部门间的职责关系、中央和地方的关系以及综合交通各运输方式的关系等维度；二是交通运输法治建设，包括法规体系、决策机制、执法机制等维度；三是交通运输市场建设，包括市场制度、经营主体、市场价格、市场安全等维度；四是交通要素配置机制，包括资本、土地、技术、数据、人才等维度。

但是，交通运输制度供给有其自身的局限性：一是作为单一行业，自身的改革要受国家整体行政、市场、财税、投融资等体制改革整体进程的约束，行业的制度供给难以做到“风景独好”；二是交通运输在区域间和运输方式间存在显著的市场分割，并不是全国统一大市场，制度供给“量身定做”的难度很大；三是各运输方式的市场竞争程度不同，有的是接近完全垄断，有的是接近垄断竞争，表现为制度供给不足与过剩并存。因此，交通运输优化制度供给具有长期性、动态性、系统性、复杂性的基本特征，交通运输自身的不断演变使交通运输制度“改革永远在路上”。

2.交通运输供需适配与制度供给的基本关系

构建新发展格局，关键在于实现经济循环和产业关联畅通，而交通运输是重要的纽带和基础支撑，制度供给是从畅通循环的角度促进交通运输供需适配。一是制度供给要促进交通运输总量和质量提升，形成需求牵引供给、供给创造需求的更高水平的动态匹配。二是制度供给要提高交通运输循环效率，减少各类壁垒和冗余制度，降低国内国际交通运输运行成本，缩短循环周期。三是制度供给要增强交通运输循环动能，促进资本、土地等关键要素循环，完善交通运输新业态新经济的制度保障。四是制度供给要完善交通运输市场建设，加快形成统一开放的交通运输市场，持续优化营商环境，降低制度性交易成本。五是制度供给要保障循环安全，完善国际物流供应链体系，加强应急和储备的制度保障。

二、交通运输制度不适应新发展格局的主要症结

（一）跨方式、跨部门、跨地区的综合交通管理体制尚不健全，部分领域管理越位、治理缺位、被动补位

从行政管理体制看，一是运输方式间交通行业管理体制改革未实质性完成。经过十余年大部制改革，我国交通运输管理形成交通运输部负责公路水路行业管理，国家铁路局和民航局分别负责铁路和民航行业管理，但铁路、民航行业分割管理仍实质性存在，铁路、民航等行业主管部门的部分职能偏弱。二是政府部门间综合交通管理体制改革尚未理顺。宏观管理部门与行业主管部门的交通运输政府职能划分并非十分清晰，交通主管部门尚未充分行使综合交通发展职能，各地方的综合交通管理仍以传统的条块分割为主，仍需宏观管理部门进行工作协调。三是地区间交通分割管理比较明显。在当前一体化和协同发展背景下，缺乏跨行政区的交通管理机构或协调机制，而城乡接合部、地区接合部往往是“多不管”或“谁都管”地带，造成建设不同步、标准不统一等问题，难以适应区域发展要求。

从政府职能履行看，一是部分领域管理过细过多甚至不当。项目投资、运输市场等领域政府管理过多，而行业管理的行政手段多、经济与法治手段少，很多政策偏好采取“一刀切”的方式，一些地方对项目给予财政补贴不利于市场在资源配置中起决定性作用，总体来说行政理念尚未实现从管理向治理转变。二是尚未完全适应新经济新业态带来的监管模式变化。交通行业管理应对传统线下业态经验比较丰富，但面对以“互联网+”为核心载体的共享单车、网约车等新业态，采用大数据、云技术、人工智能等新技术监管手段明显不足。三是非常态下的应对机制建设滞后。面对突发和特殊情况的交通物流针对性应急保障、防护处置机制和相应预案比较薄弱，物资储备、

统一调拨、统一配送机制尚未建立，运输调度在处置突发情况时往往比较被动。

（二）多层次融合发展下的交通制度体系和执行机制建设滞后，总体仍处在人治向法治的过渡阶段

从法律法规体系看，在融合发展的大趋势下交通运输法规体系修订明显滞后。一是跨运输方式的基本法律依然缺失。综合交通法律修订并没有跟上“大部制”改革的步伐，交通发展的基本依据仍以铁路法、公路法、港口法、民航法等仅适用于某一运输方式的行业法律为主，对解决跨运输方式的综合发展问题缺乏法律依据。二是法规标准体系不尽完善。枢纽换乘、轨道交通土地开发、多式联运等方面的标准制定还比较滞后，反映融合和绿色发展的统计指标缺失。三是执行机制亟待加强。交通运输重大决策的合法性审查缺失，行政执法和刑事司法体系衔接性不强，各领域执法相对分散，执法队伍结构和专业化水平不适应的问题较为突出，权力监督制约需要加强。

从中央和地方的制度关系看，财权与事权划分和执行仍不明晰。交通行业不是垂直管理行业，在调动地方发展积极性和保持央地紧密关系的平衡上需要抓手。长期以来，这种平衡更多依靠项目审批和专项基金来维系，很多事项通过“一事一议”来解决，这就使得中央与地方、省级与省以下的财权、事权和支出责任划分不清晰，事权相对清晰的农村公路等领域与财权又不对应，部分专项基金自由裁量权较大，一定程度上造成国家级铁路与城际铁路、国家级高速公路与地方高速公路、国道与省道等发展失调。

（三）交通基础设施建设运营的自然垄断泛化，很多环节市场化程度依然较低

从发展动力看，一般认为，大部分交通基础设施领域具有自然垄断特征，

即某一交通基础设施领域在一定行政区内由一家或少数几家企业建设运营的成本低于由多家运营的成本，社会资本不愿意进入，这也成为很多交通基础设施垄断经营的基本依据。但是，垄断形成的基本原因并不是行业特性，而是进入壁垒。目前，直接壁垒越来越少，对民营资本和外商资本的“玻璃门、旋转门”等间接壁垒逐渐显现，如过高的技术门槛、差别化的贷款标准、不公平的税收政策等，这种壁垒助推了自然垄断的泛化。

从市场化进程看，受制于交通基础设施自然垄断的泛化，交通发展很多环节的市场化程度普遍偏低。一是部分企业“政府化”。部分省级高速公路管理局政企兼备，民航细分领域存在大量独家经营的国企，邮政部门的普遍性服务与竞争性业务尚未分离，一些交通企业具有行业管理职能加剧了行业壁垒，不利于培育交通综合主体。二是运输价格“指导化”。除港口货运收费具有市场调节功能外，铁路、公路、水运、民航运输价格和收费或实行政府定价、政府指导价，或是名义上由市场调节、实际上缺乏市场调节的基础。三是资金运转“财政化”。长期以来政府不仅需要在交通项目建设阶段提供大量的融资支持，在运营阶段同样需要给予财政补贴，交通项目财务高度依赖政府及其融资平台。

（四）交通项目发展模式的惯性依赖使要素制约突出，项目可持续能力下降

从发展模式看，由于交通发展阶段的转变，新建项目的边际宏观效益正在不断递减，而由于受到人工、用地、环保支出增加和物价上涨等因素影响，新建项目的综合成本却在不断上升，双向作用造成交通项目经营可持续能力逐步下降。然而，交通经营可持续能力下降并没有带来交通项目发展模式的实质转变，交通发展与产业、城镇等“多张皮”现象仍较明显，特别是部分相对欠发达地区缺乏实体产业支撑，对以交通项目为核心的有效投资需求非

常迫切，惯性地通过争取各要素全面保障的路径来支撑项目推进，但项目实施后仅能对一时的经济有贡献，一段时间后就又会陷入“越建越亏、越亏越建”的循环中。

从资本要素看，随着债务管理的加强和土地信用的衰落，以预算外资金为媒介的借贷体系被打破，而在PPP和政府投资基金陆续规范后，地方政府必须通过一般债券和专项债券举债，同时交通专项基金规模也难有大幅增长。

从土地要素看，一方面，交通基础设施大量占用土地，东部和中部地区的建设用地指标不足、占补平衡代价高昂、改变基本农田性质流程复杂等问题突出；另一方面，交通基础设施建成后通常会带动周边地价大幅上涨，理论上存在与土地商业整体打包开发的可能，但土地出让制度仍限制交通用地的商业功能，失去了外部性内部化的机会。

从技术和数据要素看，二者与资本要素结合的缺失造成二者在交通基础设施中的商业化应用缓慢。

三、交通运输制度供给的优化思路

（一）加强重治理、弱管理的制度供给

当前交通运输制度供给的症结源于“家长式”管理思维没有出现整体性转变，亟须将治理取代管理融入改革创新的思维中。治理或管理都是政府施策的一种导向，二者的内涵区别并不在于“理”的多少，即不在于是否“无为而治”，而在于“治”与“管”的理念差异。治理的内涵在于将引导性、规范性、体系性贯穿中短期政策与长期性制度，来取代过多的微观干预和“一事一议”，目标在于动态平衡各方利益和诉求，运用最少要素谋求行业发展效率的最大化。各行业制度供给的着眼点和落脚点并不相同，对于交通运输行业来说，政府意志对行业发展的影响更大，制度供给导向的转变也更易对交

通运输发展产生影响。从方式看，多用法规、经济、市场等手段，善用投资、价格、税收、奖惩等杠杆调控思维，会用技术与数据手段支撑长期和短期决策，少用行政干预方式干扰市场资源配置。从主体看，“管理”的主体是一元的，即政府单向影响经营主体，而“治理”的主体是多元的，虽然政府的管理者身份没有发生根本性变化，更强调政府和企业、社会组织等经营主体的共商共建共享，弱化主体客体间、所有制形式间、行政区划间的边界。从职能看，弱管理并不是要完全“去管理化”，仍需主管部门投入更多精力到事中事后监管、公共服务、应急保障、促进绿色低碳发展等薄弱领域的管理制度制定工作中。

（二）完善交通运输外在与内在制度体系

从制度经济学理论看，完善制度体系本质是为了降低制度性交易成本。交易成本来源于市场失灵中的信息不对称，而信息不对称又是经济社会中的天然属性。政府部门间、政府与经营主体间制度缺失、制度不透明或不当干预，削弱了经济活动的可预期性，这些都会放大各种交易成本。如果一切按照既定、完善、公开的制度办事，则搜寻信息、决策、签约、监督等环节的成本都能达到最小化。完善交通运输制度体系，一方面，在让市场成为配置资源的决定性力量基础上，要完善外在制度体系，即通过法治科学化、民主化制定交通运输经济活动基本准则；另一方面，外在制度难以解决一切问题，需要灵活运用行业调控等内在制度，主动融入国家宏观调控体系特别是善于运用逆周期调节的方式和工具，充分维系中央和地方的积极性，处理好交通领域中央和地方、市场、社会间的关系，发挥好行业协会、科研机构等的纽带作用。

（三）确立交通运输竞争政策的基础性地位

供求、价格、竞争是市场机制三大要素，竞争政策是市场机制正常发挥作用的保障，也是交通行业投资、创新、技术等调控政策有效的前提。要激发全社会投资交通项目的意愿，直接的方式是需要提升交通项目自身的盈利能力和水平，根本上是要在较充分的竞争中获得效率的提升，社会资本才能形成有效和合理的预期。强化竞争政策的基础性地位，既要在政策上确立交通运输竞争中性原则，在市场准入、隐性门槛、补贴优惠等方面平等对待国有、民营、外资资本，也要在制度上通过不同层面推动重点领域市场化改革引入竞争，在企业层面推动政企间实质性独立和多形式混改，在自然垄断领域推动竞争性环节引入社会资本，在非自然垄断领域推动全面引入竞争。

（四）畅通以资本为纽带的全要素运转体系

要解决交通运输发展的要素需求高涨和要素供给不足之间的失衡，沿用传统的单向要素保障路径效果不佳，需要以资本为纽带，畅通资本、土地、技术等要素相互有机结合的供给和运转体系。一是资本要素全周期贯通。交通各领域均存在不同程度的重建设轻运营的问题，需要借助PPP等工具向规划、设计、建设、运营、开发等全周期统筹转变，统一规划、统筹开发、市场运营，创新贯穿全周期的融资工具，通过与运营商业办公资源建立长效合作机制平衡收益。二是土地与资本结合。各运输方式均与商业土地有天然的结合，如铁路场站有大量的土地储备，高速公路有服务区，普通公路有沿线土地，港口有临港开发，机场有商业资源和临空开发，城市轨道交通有站点上盖等，这就要在地方层面探索交通跨界融合开发的新路径，在中央层面突破对综合开发投资管理的瓶颈掣肘，提升城市交通用地的商业开发强度，减少交通平均用地规模。三是技术、数据要素与资本结合。当今“运力”必须借助“算力”实现精准化发展，而技术与数据要素需要商业化运营才能更好为交通发展服务，需探索推动科技成果资本化。

四、优化交通运输制度供给的建议

（一）强化交通运输法治建设

1.与时俱进完善交通运输法规标准

一是出台纲领式综合交通运输基本法律。需要考虑跨运输方式和超运输方式，即既要支撑各运输方式协调发展和综合衔接，又要反映交通运输与经济社会发展之间的融合关系，制定一部具有战略性、全局性、综合性、纲领性和协调性的综合交通运输基本法律，全面体现我国综合交通运输发展的长远目标、指导纲领、基本政策和基本原则。

二是加快修订完善相关交通运输法规。加快完成《收费公路管理条例》《农村公路条例》等法律法规制定修订工作，推进《航运法》《道路运输法》《综合交通运输枢纽条例》《港口管理条例》《邮政业安全管理条例》等重点领域法律法规制定修订，建立健全交通应急管理法规制度和预案体系，鼓励自动驾驶测试、验证和商业应用。

三是尽快强化交通运输标准制定。完善交通基础设施和载具装备技术标准体系，加快制定完善枢纽换乘、轨道交通土地开发、低空空域管理、交通信息化智能化、运输服务新业态等技术标准，强化各类标准衔接协调，在高速公路、国省干线部分项目试点弹性车道数建设标准，研究适当降低中小机场配套设施建设标准要求。构建适应智能交通和融合发展的标准规则体系，指导规范化建设智慧道路、智慧枢纽等基础设施。加强生态环境监测和标准建设，严格大城市机动车尾气排放限值标准。推广应用集装化和单元化装载技术，统一多式联运装载单元规格、技术、货种限制等标准。加强与国际组织事务合作，争取主导交通领域国际标准制定，提升我国的国际竞争力和话语权。完善适应融合和绿色发展的统计体系，创新统计方法。

2.健全交通运输依法决策机制建设

一是建立健全重大事项依法决策的制度机制。制度供给始于决策，决策的科学化和民主化需要法治化的保障。重大决策是对经济社会发展产生全局性、综合性、长期性影响并对决策有较高专业性要求的行政决策事项，需要将公众参与、专家论证、风险评估、合法性审查、集体研究决定等流程制度化。建立健全重大事项依法决策的风险评估制度及应急预案，充分发挥政府法制部门及法律顾问在行政决策中的作用，细化重大行政决策终身责任追究制度及责任倒查机制。

二是提高领导干部对重大事项依法决策的能力。切实提高各级领导干部依法行政和依法决策的能力，自觉并善于运用法治方式和宏观思维，化解社会矛盾，维护社会的稳定和谐，更好地发挥法治在国家治理、社会管理中的重要作用，保证依法治国基本方略的全面落实。

3.稳步推进交通运输综合执法改革

一是建立综合性交通行政执法体制。改革分散式交通行政执法体制，整合交通运输行业执法管理权限，将交通部门内部的征稽、路政、运政、航政等多支执法队伍归并为一支执法队伍，形成一个多政合一的行政执法和管理网络，加快构建跨部门协作机制，实现交通运输领域的综合执法。发挥公安、交通管理等部门的积极作用，统一设置公共服务的行业管理平台和系统。

二是加快推进执法方式创新。利用信息化手段创新公路水路运输执法模式，完善公路源头治超、联合治超、科技治超的长效工作机制。通过提高违约成本提升对违法行为的震慑性，积极推行行政指导、行政合同、行政奖励等柔性或激励性执法方式。善于运用说服教育、调解疏导、劝导示范等非强制性手段，加强法律帮助、政策指导和技术支持，克服执法的简单化、粗糙化，化解执法冲突。依托微信公众号、小程序、手机App等加强公众对执法工作的参与和监督，研究提升执法人员执法积极性的激励机制，进一步通过政府购买服务等方式借助社会优势力量参与执法工作，形成交通运输领域“以人人执法促人人守法”的良好局面。

（二）完善政府治理体制机制

1.完善综合交通管理体制机制

一是继续完善“大交通”行政管理体制。发达国家综合交通管理架构主要有两种：一种是基于交通自身各种运输方式统一管理的模式，如美国、英国等；另一种是不仅交通统一管理，而且交通与国土、建设、能源等相关职能合并管理的模式，如日本、德国、法国等。我国应在统筹发展铁路、公路、水运、民航、管道等各种运输方式基础上，探索交通与能源、通信、水利以及城市基础设施协调发展机制，要“统分结合”，处理好“大集中”与“小分散”的关系，既加强发展总体协调性，又保持运输方式发展的相对独立性，推动管理型行政向服务型行政转变。

二是加快构建跨部门跨运输方式协作机制。探索以联席会议、部际协调会议等形式建立交通运输常态化重大事项协调和督办机制，按需成立临时协调机构，重点协调交通枢纽管理、货运联运、旅客联程、建设用地、军民融合、改革示范等事项。建立枢纽内各部门、各运输企业间的沟通协调机制，确保干线运输方式与集疏运方式的沟通协调顺畅，开展若干枢纽建设运营管理体制改革示范试点。对于港航码头、过江通道、支线机场、城市交通人防设施等潜在交通基础设施资源，吸收空中交通管理经验，建立“战时军用、平时民用，平战结合”的管养、运营和调度机制。

三是试点示范跨区域协同管理机制。在长三角、京津冀、珠三角等具备条件的区域，以协作区等为优先载体，以城际铁路、私家车管理等为重点领域，发挥强强联合优势，探索跨省、跨市交通协同管理机制，激发协同合作内生动力，更好发挥对区域一体化发展的支撑带动作用。以宁波舟山港、津冀港口群等为重点，有序完善区域港口一体化体制机制，探索不同类型港口一体化路径。在公交都市建设中试点“一城一交”管理体制，以城乡公交一体化为先导，加强城乡交通运输规划衔接，深化城乡交通一体化改革。

2.建立明晰的政府职责体系

一是完善有效市场与有为政府关系。在发挥市场的决定性作用基础上，明确行政管理的职责和边界，更好发挥交通运输职能部门的政策规划、事中事后监管、促进竞争、市场监管、社会管理、公共服务、生态环保等方面作用。以“最多跑一次”为牵引，完善“一件事”全周期服务机制，为各类市场主体参与交通运输发展营造稳定、公平、透明、可预期的良好环境。依托全国投资项目在线审批监管平台等载体，综合运用大数据、云计算、物联网等现代信息技术，加强事中事后监管。

二是突出规划引领的政府调控。健全以综合交通发展规划为战略导向，以市场化为主要手段，通过财政、产业、投资、消费、区域等方面政策协同的调控体系，加强交通运输各领域政策衔接。统筹规划体系建设，强化综合交通规划引领性，加强交通规划与国民经济和社会发展规划、国土空间规划、专项规划以及国家重大战略的衔接协调，适当减少期限过长、内容重叠的交通规划编制。以精准补短板为导向，依托近期、中期、远期项目储备，促进交通投资“投得好、投得快、投得准”。

三是聚焦公益性领域和公益性服务。对收费公路、铁路、港口、机场等具备一定盈利性的领域逐步减少政府投资比例，政府投资向农村公路、普通国省道、内河航道等无收益、低收益的公益性领域集中。完善采购、外包、补贴等交通运输领域政府购买公共服务相关政策，加大对公共服务特别是农村基本公共服务的财政支出倾斜力度。有序推进公路养护市场化进程，实现养护管理与养护生产分离。以行业协会商会与政府脱钩为契机，发挥好行业协会商会的统计监测、行业调查、企业协调等作用，有序实施部分政府职能向行业协会商会转移。充分依托国家和民间智库的智力支持，不断提升治理决策水平。

3.理顺中央和地方政府权责关系

一是厘清中央与地方在交通领域的财政事权与支出责任划分。明确交通事权是确定相应财权和支出责任划分的基础。交通事权与支出责任的匹配并非一一对应和一成不变的，而应根据实际情况，求取二者在各级主体间的动态平衡。按照国家建立完善事权和支出责任相适应的制度要求，以财权、财政事权、支出责任的两两均衡为目标，优化各级财政事权与支出责任，厘清交通运输领域中央与地方、省级与省级以下政府财政事权与支出责任划分，明确与各级政府支出责任相适应的交通专项资金配置，巩固公益性交通发展中的兜底性资金保障。

二是以普通国道为突破口向上划归基层部分交通事权。以部分县级交通事权向上划归到省、市为方向，明晰省市县交通事权划分。可考虑以普通国道为突破口，逐级向上划归部分普通国道建养事权。目前，普通国道事权的不明确使得一些地方政府更愿意优先建设属于自身事权的省道，但一方面因省道难以得到中央补助从而给基层政府带来更大的配套压力，另一方面造成多地省道发展快于国道，国道、省道在发展规模和功能定位等方面易出现错配。

三是以公路建养为重点匹配基层交通事权与支出责任。公路建设养护是基层交通投资的重点，也是交通事权与支出责任划分的难点。在明晰公路事权的基础上，以各级政府按比例支出或依靠上级给予动态化补助等方式承担各自支出责任。此外，对实行省直管县财政管理体制的地区，市级政府为履行好区域内综合平衡的职责，还应承担相关的支出责任。

四是以完善交通专项资金转移支付为工具适度加强基层财权。一是加强中央预算内投资、车辆购置税和民航发展基金等交通专项资金的精细化管理，转移支付应按实际的事权与支出责任划分确定项目在省市县的留成比例，并允许地方在年度计划项目内对交通运输领域各专项资金统筹安排和平衡使用，提高资金使用效率。同时提高车辆购置税税款用于普通国道建设的比例，减轻基层政府配套压力。二是燃油税对地方税收返还的增速在逐步降低，占总税收的比例也降至40%～50%，较改革前下降20～30个百分点，基于其“六费改税”的性质，应将地方的返还额度与燃油税实际收入挂钩，并明确返还资金原则上用于公路养护。三是完善公益性运输的财政补贴制度安排，加大中央交通专项资金向中西部地区倾斜力度。

（三）着力构建交通运输大市场

1.实现交通运输更高水平对外开放

一是持续完善国际经贸便利化制度。开放型经济新体制下的贸易便利化本质是对标高标准国际贸易新规则。按照自由贸易区“一线放开，二线管住，区内自由”的监管方向，探索“通关、监管、决策”三位一体的通关监管便利化改革路径，强化“大通关”协作，加快推进口岸管理等相关部门信息互换、监管互认、执法互助，探索推行“联合查验、一次放行”等通关新模式和邻近港口口岸监管一体化。实施海运入境集装箱空箱检验检疫便利化措施，推进船舶联合登临检查，进一步放宽空域管制与航路航权限制。加快复制推广国家自由贸易试验区金融创新模式，争取扩大试点离岸金融业务。扩大航空口岸144小时、72小时过境免签政策实施范围。海南自由贸易港对标国际最高水平、最大限度开放措施，实施更加开放的船舶、航空运输政策。

二是不断完善跨境资本投资便利化制度。一方面，进一步减少利用外资的限制，进一步放宽外资以固定资产投资和股权投资交通运输项目的限制，允许外商参股国有交通运输企业，实现“既准入又准营”，加大产权保护力度。另一方面，提高境外投资的便利化水平，适度放宽外汇管理，扩大资本项目收入支付便利化试点，允许承包工程企业境外资金集中管理，探索我国外汇储备投资“一带一路”股权项目。

三是优化“一带一路”交通运输发展机制。优先以自由贸易港为载体，加强与“一带一路”沿线国家的制度和规则对接，更好发挥“一带一路”交通连接人类命运共同体的作用。构建政府引导、央企主导的全链条“国家队”机制，给予战略性项目重点投融资安排，对于商业性项目形成政府协调下的商业投融资格局，主动承担交通投融资的软服务延伸。协调发展各地中欧班列、中亚班列，促进公平竞争，鼓励降低班列境内段运费水平，合力协调境外运费、换轨、装卸等事宜。

2.着力优化引入民营资本的政策机制

一是塑造公平竞争的市场环境。降低交通项目过高的技术门槛和资产门槛，如过往业绩、不合理排他性技术资质、总资产、净资产、资产负债率等指标，防止“马太效应”。降低参与交通项目的民营企业税费，在企业所得税、增值税、社保费等支出方面享受与国企同等政策，清理和精简涉企不合理收费。拓宽民营企业参与交通项目的融资渠道，在银行贷款上对其提供更多协助。在政府采购、补贴分配等方面适当向民营企业倾斜，杜绝在交通项目上拖欠民营企业款项的行为。

二是以股权投资和开放相关领域率先吸引民营资本进入。交通基础设施引入民营资本有直接投资（固定资产投资）和间接投资（权益类投资）两种形式，民营企业对于交通建设运营经验不足，短期内可以股权投资为主，并拓展更适合民营企业参与的交通相关领域。推进民营企业参股交通运输国有企业，创新民营企业参与混合所有制方式，鼓励交叉持股、债转股、股票期权等方式。引入民营资本参与交通枢纽综合开发的商业、办公、住宅等领域。加快高速公路服务区功能拓展，重点引导民营资本参与旅游、商业、餐饮等项目建设。推动交通旅游一体化建设，在旅游景区、海岛开发等领域整体引入民营资本。

三是分门别类推进各种运输方式引入民营资本。在铁路领域，明确国铁企业在参与政府与社会资本合作项目中的职能定位，更好发挥国家铁路局的监管作用，明确执行社会知悉的清算规则，保障社会公共利益和经营者合法权益不受侵害。在收费公路领域，推广现有较成熟的BOT（建设—经营—转让）等模式经验，完善以非兜底为原则的政府补贴算法。在农村公路领域，吸引民营资本赞助建设养护资金并给予冠名权等广告权益或景观开发特许经营权，探索收费公路与非收费公路捆绑建设模式。在机场领域，完善部分或全部经营权转让、TOT（移交—经营—移交）等存量转让模式，引导物流企业投资建设以货运功能为主的运输机场。在城市轨道交通领域，推广与港铁合作经验，不断探索在商业、地产等领域反哺资金的经验，注重与新型基础设施的合作、合并开发。

3.培育交通运输现代综合投资主体

一是培育交通综合投资企业。以资本为纽带，支持轨道交通、航空、交通建筑、港航物流、高端船舶装备、智慧交通等领域重点企业做优做强，鼓励产业链较长的头部企业开展跨地区、跨行业、跨所有制的联合兼并和控股参股，实现跨基础设施的规模化、多元化、品牌化经营。鼓励交通融资平台在政府支持下向项目运营和商业开发延伸，实现全周期运转。建立产权清晰、权责明确、政企分开、管理科学的现代企业制度，优化交通运输国有企业法人治理结构，实现所有权和经营权、收益权分离。理顺行业主管部门、财政、国资等对交通运输企业的领导和监管架构，以管资本为主加快国有资产监管职能转变。

二是深化国铁企业制度改革。深化国铁企业公司制、股份制改革，优先在铁路集团及三级子公司推动国铁混合所有制改革，引入战略投资者，推进国铁企业市场化债转股，推动优质铁路资产股改上市，有效防范铁路债务风险。有效盘活国铁闲置土地，通过独立开发、联合开发、出让等市场化方式提升效益。促进铁路运输业务经营主体多元化和适度竞争。

三是推动其他重点交通企业制度改革。逐步推动各省高速公路管理局转企，使其成为自主经营、自负盈亏、自担风险、自我发展的经营主体，区分好政府还贷公路和经营性公路。处理好港口一体化进程中的企业直接合并、兼并收购、股权划转等问题，保障职工基本权益，维护社会基本稳定。实现邮政普遍服务业务与竞争性业务分业经营，实行公益性服务补偿制度。

4.稳妥推进运输价格市场化改革

区分基本与非基本公共服务，对属于基本公共服务和网络型自然垄断环节的运输价格，强化成本监管；对不属于基本公共服务的运输价格逐步实行市场调节。将工作重点环节由直接核定价格水平转移到规范经营主体价格行为。完善各种运输方式价格形成机制，更好发挥价格在促进运输统一市场和合理调节出行需求中的杠杆作用，根据服务质量实行不同定价，体现鼓励枢纽换乘、公交导向的票制票价。拓展细化各类型铁路运输成本监审办法，完善与成本监审和路权分配相协调的清算规则，进一步清理、合并铁路运输杂费。除农村客运外，由三家及以上经营者共同经营线路、与高铁动车组线路平行线路等竞争充分的班车客运，实行市场调节价。促进网约车和巡游出租车服务价格浮动挂钩，以“份子钱”杠杆调节为关键，积极稳妥推进出租汽车行业改革。完善民航退坡航线补贴政策，对通航一线城市的民航航线原则上不给予补贴。

（四）提升全周期要素配置能力

1.挖掘资本市场融资潜力

一是规范交通债务融资市场。合理丰富交通运输专项债券品种，用好“债贷组合”新模式以满足部分融资需求。对有收益且收益全部属于政府性基金收入的交通重大项目，引导由发行专项债券融资；对收益兼有政府性基金收入和其他经营性专项收入的项目，鼓励由有关项目业主单位根据自身情况向金融机构进行市场化融资；对没有收益的交通重大项目，引导通过统筹交通专项资金、财政资金和地方政府一般债券等方式予以支持。充分发挥亚洲基础设施投资银行、丝路基金等以我国为主的国际金融机构的作用，吸引金砖国家新开发银行、国际货币基金组织、亚洲开发银行等多边机构提供融资服务。

二是充分发挥存量资产的融资功能。发挥好资产证券化的周期较长、股权投资、杠杆较低、收益稳定等特性，提高交通项目直接融资比例。对于项目边界清晰、回报机制明确的存量项目，优先开展不动产投资信托基金（REITs）试点。对于现金流稳定的存量项目，采用资产证券化方式盘活。稳步扩大交通基础设施在债券市场的规模，支持交通运输领域企业债、公司债、项目债等发行，争取延长债券期限，更好匹配交通基础设施的特点和生命周期。参照铁路发展基金模式，研究设立用于交通运输发展的政府投资基金；参照民航投资基金模式，鼓励以社会资本为主发起成立交通运输产业基金。

三是创新新型基础设施投融资体制。新型基础设施主要包括信息型、融合型、创新型三个方面。新型基础设施并非是全新基础设施投资领域，而是更加注重与实体产业和消费升级相结合，使得新型基础设施具有良好的可盈利性和可延展性。应统筹推进新型基础设施与传统基础设施投融资，一方面，应坚持新型基础设施以市场投入为主，支持多元主体参与建设；另一方面，利用新型基础设施盈利性，依托传统基础设施线位等资源，通过增加新型基础设施提升传统基础设施功能，实现新型基础设施与传统基础设施的共建共享共担，在解决二者融合发展问题的同时解决资金来源问题。

2.推进土地市场化集约化供应

进一步简化进入国家规划项目用地程序，推动实行“多评合一”“多审合一”“多验合一”。以交通基础设施为牵引，在交通与能源、交通与水利、交通与通信等领域鼓励集约利用线位廊道，通过综合管廊、地下空间一体化、电网铺设、通航防洪等建设推进共用建设用地，提升交通基础设施占地的集约化水平。对部分地区开展地上、地面、地下土地分层出让试点，建立交通枢纽周边土地储备制度，探索建立土地溢价税费回收机制。实施差异化的土地综合开发政策，鼓励地价较高的地区实施交通运输与配套商业办公高密度、高强度开发，建立联动开发盈利反哺机制。

3.加快培育技术与数据要素

一是建立健全协同高效的交通运输科技创新机制。建立以企业为主体、市场为导向、产学研深度融合的技术创新体系，加大对前瞻性研究和科技创新的支持力度，加速重大科技成果转化应用。加大建筑结构、建筑材料、装备开发等基础研究投入，健全鼓励支持基础研究、原始创新的体制机制。深化基础研究国际合作，组织实施国际科技创新合作重点专项，探索国际科技创新合作新模式，扩大科技领域对外开放。

二是改革科研项目立项和组织实施方式。坚持目标引领，强化成果导向，建立健全多元化交通运输科研项目支持机制，完善专业机构管理项目机制。加强科技成果转化中试基地建设，支持有条件的企业承担国家重大科技项目。支持科技企业与高校、科研机构合作建立技术研发中心、产业研究院、中试基地等新型研发机构。积极推进交通运输科研院所分类改革，加快推进应用技术类科研院所市场化、企业化发展，支持高校、科研机构和科技企业设立技术转移部门。

三是发展技术与数据要素市场。促进技术要素与资本要素融合发展，鼓励金融机构采用知识产权质押、预期收益质押等融资方式，为促进交通技术转移转化提供更多金融产品服务。建立综合交通出行信息服务平台，推进政务数据开放共享，加快各部门共享交换交通运输数据，研究建立城市交通等公共数据开放和数据资源有效流动的制度规范。借助协会商会等力量，推动人工智能、车联网、物联网等领域数据采集标准化。探索建立统一规范的数据管理制度，提高数据的质量和规范性，丰富数据产品。制定数据隐私保护制度和安全审查制度，加强对政务数据、企业商业秘密和个人数据的保护。

4.持续完善人才发展机制

人才是行业发展第一资源，适应交通与各领域跨界融合发展趋势，建立健全科学规范的选人用人、教育培训、轮岗交流、考核评价和奖惩机制，加快人才跨界交流。完善专业技术技能评价制度，创新评价标准，推进社会化职称评审，畅通非公有制经济组织、社会组织、自由职业专业技术人员职称申报渠道。加强交通领域高校交通运输专业交叉学科建设和人才培养，鼓励高校推进院士工作站和博士后科研工作站建设，扶持有需求的企业建设科技孵化器、技能大师工作室和大学生实习实践基地。加快组织优选企业开展技能培训，大力弘扬工匠精神，统筹开展适应各类运输服务场景的服务人员培训。发挥税收优惠、办理落户、住房补贴等鼓励政策的作用，畅通海外科学家来华工作通道。

第六章
交通优化供需适配的理论分析

内容提要：本章首先根据供需适配的政策要求，明确“供给侧改革”和“需求侧管理”的内涵和目标，从经济系统和区域发展视角分析交通的作用，进而找到交通在经济供需关系中的定位。

一、供需适配的内涵

供给与需求是市场经济内在关系的两个基本方面，供需两侧也是管理和调控宏观经济的两个基本手段。经济政策是以供给侧为重点还是以需求侧为重点，要依据宏观经济形势作出抉择，同时要相互配合、协调推进。2015年11月，习近平总书记在中央财经领导小组第十一次会议上首次提出了“供给侧结构性改革”，要求“在适度扩大总需求的同时，着力加强供给侧结构性改革，着力提高供给体系质量和效率，增强经济持续增长动力，推动我国社会生产力水平实现整体跃升”。2020年的中央经济工作会议上提出“需求侧管理”，这里2015年中央提出供给侧结构性改革以来被首次提及，会议提出“要紧紧扭住供给侧结构性改革这条主线，注重需求侧管理”。《中华人民共和国国民经济和社会发展第十四个五年规划和2035年远景目标纲要》的战略导向指出要“以创新驱动、高质量供给引领和创造新需求，提升供给体系的韧性和对国内需求的适配性”。由此可见，供需适配需要从“供给侧改革”和“需求侧管理”两方面入手。

（一）供给侧改革

2015年12月，习近平总书记在中央经济工作会议上指出“推进供给侧结构性改革，是适应和引领经济发展新常态的重大创新，是适应国际金融危机发生后综合国力竞争新形势的主动选择，是适应我国经济发展新常态的必然要求”。2016年1月18日，习近平总书记在省部级主要领导干部学习贯彻党的十八届五中全会精神专题研讨班上，指出“有效供给能力不足带来大量‘需求外溢’，消费能力严重外流”，解决这些结构性问题，必须推进供给侧改革。并且进一步明确了供给侧结构性改革的重点是“解放和发展社会生产力，用改革的办法推进结构调整，减少无效和低端供给，扩大有效和中高端供给，增强供给结构对需求变化的适应性和灵活性，提高全要素生产率”。

“十三五”之初，我国经济发展进入新常态，多年快速发展后长期积累的矛盾和问题日渐凸显，经济发展“四降一升”，即经济增速下降、工业品价格下降、实体企业盈利下降、财政收入下降、经济风险发生概率上升。这些矛盾和问题的根源是重大结构性失衡，主要表现为“三大失衡”。一是实体经济结构性供需失衡。我国供给体系产能十分强大，但大多数只能满足中低端、低质量、低价格的需求，难以满足公众日益升级的多层次、高品质、多样化消费需求。二是金融和实体经济失衡。在实体经济结构性失衡的情况下，金融业在经济中的比重快速上升，而工业特别是制造业比重下降。三是房地产和实体经济失衡。在实体经济结构性失衡的过程中，大量资金涌入房地产市场，推高实体经济发展成本。这“三大失衡”有着内在因果关系，导致经济循环不畅。如果只是简单采取扩大需求的办法，不仅不能解决结构性失衡，反而会加剧产能过剩、抬高杠杆率和企业成本，加剧这种失衡。只有从供给侧结构性改革上想办法、定政策，通过去除没有需求的无效供给、创造适应新需求的有效供给，打通供求渠道，才能实现供求关系新的动态均衡。

供给侧结构性改革，主要是解决我国经济发展中的结构性问题，旨在通过生产结构和要素配置的调整来提高生产的质量和效率，推动经济发展。其最终目的是满足需求，主攻方向是提高供给质量，根本途径是深化改革。具体来说，就是要从生产端入手，重点是促进产能过剩有效化解，促进产业优化重组，降低企业成本，发展战略性新兴产业和现代服务业，增加公共产品和服务供给，提高供给结构对需求变化的适应性和灵活性。归结起来，就是“三去一降一补”，即去产能、去库存、去杠杆、降成本、补短板。供给侧结构性改革要重点在“破、立、降”下功夫，围绕“巩固、增强、提升、畅通”方针。不仅要“破”除无效供给，结构性去产能，提高供给质量，还要“立”出新技术、新模式、新业态，培育新动能，同时要“降”低企业成本，增强发展后劲。“巩固”是强化“三去一降一补”成果，加大“破、立、降”力度。“增强”是要增强微观主体活力，凡是企业能干的就让企业干。“提升”是要提升产业链水平，坚持走自主创新之路。“畅通”是要建立公平有序运转通畅的市场体系，凡是市场能自主调节的就让市场来调节，让市场在更大范围、更深层次上发挥作用。

推进供给侧结构性改革并将之作为经济工作的主线，是以习近平同志为核心的党中央作出的具有开创性、全局性、长远性的重大决策部署，是重大理论和实践创新。2017年10月，习近平总书记在党的十九大报告中提出，以供给侧结构性改革为主线，推动经济发展质量变革、效率变革、动力变革。2018年12月中央经济工作会议进一步强调，必须坚持以供给侧结构性改革为主线不动摇。2020年底召开的中央经济工作会议强调，以深化供给侧结构性改革为主线。“十四五”规划和2035年远景目标纲要明确“必须坚持深化供给侧结构性改革”。

（二）需求侧管理

2020年底召开的中央经济工作会议要求，加快构建以国内大循环为主体、国内国际双循环相互促进的新发展格局，要紧紧扭住供给侧结构性改革这条主线，注重需求侧管理，打通堵点，补齐短板，贯通生产、分配、流通、消费各环节，形成需求牵引供给、供给创造需求的更高水平动态平衡，提升国民经济体系整体效能。2021年，习近平总书记在省部级主要领导干部学习贯彻党的十九届五中全会精神专题研讨班开班式上的讲话中指出，要建立起扩大内需的有效制度，释放内需潜力，加快培育完整内需体系，加强需求侧管理，扩大居民消费，提升消费层次，使建设超大规模的国内市场成为一个可持续的历史过程。

需求侧管理主要解决需求的总量问题，一般采用税收、财政支出、货币发行等手段刺激或抑制需求，维护宏观经济的稳定。在1992年明确提出“中国经济体制的改革目标是建立社会主义市场经济体制”后，我国逐步建立以需求管理为重点的宏观调控体系。进入21世纪以后，总体上我国宏观政策导向和工具主要是以需求管理为主，财政政策与货币政策协同推进，投资和出口成为扩大内需的主要拉动因素。2015年，中央基于对经济新常态的判断提出供给侧结构性改革，我国推动经济增长开始转向更多依赖改善供给的技术进步和创新驱动的长期视角，供给侧结构性改革成为经济工作的主线。

加快构建以国内大循环为主体、国内国际双循环相互促进的新发展格局，意味着中国将成为世界生产中心和世界消费中心。我国有着14亿人口、中等收入群体超过4亿的超大规模市场优势，人均国内生产总值已经突破1万美元，是全球最有潜力的消费市场，“世界工厂”（供给侧）伴生“世界市场”（需求侧），“国际大循环”迈向“国内大循环”。身兼世界生产中心和世界消费中心双重地位，这是全球化进程中我国的地位前所未有地发生变化。成为世界消费中心这一全球战略地位变迁，必然对需求侧管理提出了更大范围、更高层次的要求。未来一个时期，国内市场主导国民经济循环特征会更加明显，经济增长的内需潜力会不断释放。从畅通国内国际双循环的总体来看，我们所面临的堵点既存在于供给侧，也存在于需求侧。因此，构建新发展格局，既需要紧紧扭住供给侧结构性改革这条主线，也需要坚持扩大内需这个战略基点，注重需求侧管理。

需求侧管理主要涉及三个方面：一是潜在需求（支付能力）有多少，这是如何做大蛋糕的问题，只有收入提高了，支付能力才能提升；二是需求意愿有多大，这是潜在需求转化为有效需求（有支付能力的意愿）的关键，激发需求者的意愿很重要；三是实际需求有多大，这是有效需求转化为实际需求（真正实现的支付能力）的关键，清除制约这一转化的障碍很重要。从宏观上讲，需要紧紧围绕世界消费中心建设、依据社会再生产循环规律进行需求侧管理。

注重需求侧管理，要把短期政策调节和中长期制度建设结合起来，在有效扩大投资需求的同时更加重视扩大消费需求，着力打通堵点，畅通循环，提升国民经济体系整体效能。其主要领域和举措包括：合理引导消费、储蓄和投资，形成有效制度安排，形成强大国内市场；积极促进就业和优化收入分配结构，提高居民消费能力；保持投资适度合理增长，发挥投资对优化结构的关键作用；大力发展数字经济和战略性新兴产业，带动消费提质升级；加快建设全国统一大市场与实行高水平对外开放，持续释放内需潜力。

（三）供需平衡

任何社会形态中的经济活动都是供给和需求相互作用的过程，供给和需求保持均衡是任何社会经济活动所必须要遵循的基本经济规律。无论是供给侧结构性改革还是需求侧管理，均强调供给和需求的辩证统一和协同发力。

没有高质量的产品和服务供给，人民对美好生活的需要就得不到满足；没有需求侧的消费需求牵引，供给也无法实现。

在供给和需求错配的情况下，即使总供给等于总需求，供求矛盾还会表现为产能过剩和需求过剩并存，此时，供给和需求的错配表现为结构性问题。供给和需求之所以会发生错配，主要是因为居民消费升级是随着收入增长而形成的自然结果，而供给结构的适配必须经历技术和设备的升级才能实现，这使供给适应需求必然有一定的时滞，从而出现因消费升级而无法实现的产能过剩，以及由于升级后的需求得不到新供给的满足而出现的消费抑制或流向境外。此时，供给成为供求矛盾的主要方面，扩大内需的核心要义是加快供给侧结构性改革，迅速增加适应居民消费升级的新供给，以及增加新供给所需要的新投资，解决新供给不足对需求的抑制和需求外流等问题，用新供给创造新需求。

需求侧管理不仅注重激发短期的总量需求，也聚焦制约总需求增长的中长期、系统性问题，致力于构建完整的内需体系，强调提高居民收入在国民收入分配中的比重，进而提高居民消费在国内需求中的比重。进入新发展阶段，实施需求侧管理，最终是要以扩大内需为战略基点，推动消费升级、激发潜在需求，实现高质量发展。

供给侧结构性改革仍是经济工作的主线。政策目标是通过供给侧结构性改革，使供给适应变化了的需求，创造出新的需求，同时通过需求侧管理，更好地配合供给的新变化，发挥需求牵引供给的作用，形成供给和需求在更高水平上的动态平衡。

二、经济系统视角下交通的作用

供给侧结构性改革和需求侧管理是对马克思主义政治经济学的创新发展。下面从马克思主义政治经济学的角度分析供给和需求的关系，以及交通在其中的作用和定位。

（一）马克思主义政治经济学“四环节”理论

物质资料生产包括生产、分配、交换、消费四个环节，各环节之间存在相互联系、相互制约的关系。马克思认为，生产、分配、交换、消费构成一个总体的各个环节，一个统一体内部的差别。物质资料的生产是人类最基本的实践活动，是社会生存和发展的基础。狭义的生产，即直接的生产过程，是生产总过程的起点和决定环节。分配和交换是联结生产和消费的中间环节。分配是指社会对劳动产品的分配。交换是指人们互换劳动和劳动产品的过程。生产出来的劳动产品，只有通过分配和交换，才能最后进入消费环节。消费是指人们消费物质资料以满足各种需要，是生产总过程的终点。

马克思主义政治经济学指出，在生产、分配、交换、消费的社会再生产循环中，生产决定其他环节，其他环节反作用于生产。生产的决定性地位体现在“一定的生产决定一定的消费、分配、交换和这些不同要素相互间的一定关系。当然，生产就其片面形式下（即一定情况下、条件下、形式下）也决定于其他要素，这是一个不同要素之间存在相互作用的有机整体”。生产是消费的中介，它创造出消费的条件和材料，没有生产就没有消费。消费也是生产的中介，消费为生产提供目的、需要和内在对象；消费为产品创造主体，产品在消费中才得到最终的完成，所以没有消费也就没有生产。生产和消费的互动最为关键。马克思在《资本论》中指出：“商品价值从商品体跳到货币体上……是商品的惊险的跳跃。这个跳跃如果不成功，摔坏的不是商品，但一定是商品所有者。”分配本身是生产的产物，分配的对象是生产的成果，分配的结构决定生产的结构，分配的形式决定于参与生产的一定方式。交换的规模和程度制约着生产的规模和水平。市场扩大，交换范围扩大时，生产的规模也就扩大，生产的分工也就更细。

（二）马克思的供给需求理论

马克思关于供给需求关系对市场价格、市场价值的形成和实现的作用是马克思供给需求理论的微观基础，关于社会总生产的总供给总需求平衡理论是马克思供给需求理论的宏观基础。

马克思的供给需求理论以劳动价值论为基础，是市场价值决定供给和需求，供给和需求关系对市场价格的形成具有调节作用。供需关系只能说明市场价格与市场价值的偏离以及抵消这种偏离的趋势，所以，供需调节生产和流通。市场价值决定供求，供求可间接影响市场价值。供需和市场价格的关系是供求调节着市场价格，或者确切地说，调节着市场价格同市场价值的偏离。

价值规律一方面反映了市场价格和生产价格的分离，另一方面必然导致社会按比例分配劳动，分配过程通过社会对总产品的需要来实现。马克思在劳动价值论的基础上，分析了社会总供给和社会总需求的决定因素以及社会总供需的运动规律，要达到社会总供需平衡必须按比例协调发展。社会需求量是具有弹性的，受到一定因素的影响，而生产关系是其主要的决定因素。马克思从社会总产品再生产实现的角度分析了社会的总供给和总需求之间的比例关系和运行规律。以社会总产品再生产为出发点研究社会总产品的生产和实现问题，研究供给如何满足需求，从而解决社会总产品的各个部分生产资料部类和生活资料部类如何在价值上得到补偿和物质上得到转换，实现社会总产品供需平衡。

马克思在《资本论》中对市场均衡作出严密论证，认为总量均衡并不代表结构均衡。社会总资本再生产要顺利进行，条件是要同时实现价值补偿与实物补偿。价值补偿指总量平衡，实物补偿指结构平衡。若只有总量均衡没有结构均衡，最终仍会导致供求总量的失衡。

西方经济学中认为供求关系是交换领域的现象，反映的只是市场经济的表层关系，因此仅用供求关系来认识市场经济是不够的。马克思认为要“撇开由供求变动引起的假象来考察”社会经济规律，必须看到市场供给需求关系背后的生产与消费的辩证统一关系。生产者与消费者除交换关系外，在交换之前和之后还有其他相互联系的经济关系。生产者能够出售商品是以社会再生产比例关系相适应为前提的，“由商品到货币的过程是惊险的一跃”，能否完成从商品生产到商品价值实现这一惊险一跃，前提是社会总生产的比例是否协调。

（三）交通在供需中的作用和功能

交通是将社会生产、交换、分配、消费等各个环节紧密联系起来的一个结合体，有利于保证社会经济的稳步发展。交通属于交换环节，一方面是生产过程的延伸，另一方面通过提供市场可达性使消费得以发生，在供需对接中发挥桥梁和纽带作用。

马克思在《〈政治经济学批判〉导言》中指出：“既然交换只是生产以及由生产决定的分配一方同消费一方之间的媒介要素，而消费本身又表现为生产的一个要素，交换当然也就当做生产的要素包含在生产之内。”交换也是生产的附属物，交换作为生产要素包含在生产之内，它是依赖生产而存在的，生产决定交换。因此，生产决定交通。

在现代社会中，无论哪种生产都离不开运输，而无论哪种运输，都与生产有密切的关系，交通是经济活动不可分割的部分。企业的产品运往市场，再转到消费者手中，从市场回笼货币以后，再组织第二次生产。如此反复，构成经济的循环圈，因此，从某种意义上说，生产的循环也就是交通运输的循环，马克思指出，运输是生产过程在流通领域的继续。

交通作为连接生产和消费的中间环节，在供需适配中发挥试错和促进功能。交通会影响生产的规模和范围（Rodrigue，2020）。高效的交通系统提供了经济和社会的机会与收益，从而带来积极的乘数效应，例如更低的市场准入、就业机会和投资增加、促进规模经济。但是交通系统的容量或可靠性低可能会增加经济成本，例如就业、市场等机会减少或消失，以及造成人们生活质量降低（Rodrigue，2020）。交通不仅具有满足已经计划或正在进行的社会生产活动所产生的交通量的被动作用，在提供新资源方面也发挥着积极作用，例如主动促进经济增长（Owen，1959）。投资交通基础设施可以扩大交通基础设施的规模和库存。交通基础设施规模的增加可以显著改善区域可达性，缩短区域之间的空间距离，并加快生产要素的移动。交通基础设施带来的成本降低和市场可达性的提高，将改变需要运输货物的生产者的边际成本，以及促进家庭流动性和对商品和服务的需求，从而实现“交通网络经济”、“劳动力供给改善”和“规模收益增加和空间集聚效应”。从长远来看，这是将交通改善与经济增长联系起来的机制。

三、区域发展视角下交通的作用

由于我国各地区的资源禀赋、交通区位以及人口、人文历史等条件各异，各地的发展条件不同，发展基础不同，从而形成了区域间发展模式不同和发展的不平衡。根据区域经济学相关理论，经济活动在区域中的布局主要基于以下三点：自然资源优势（要素的不完全流动性）、集中经济（要素的不完全可分性），以及交通运输和通信成本（商品和服务的不完全流动性）。交通作为重要的区位影响因素，与区域经济空间结构紧密相联，影响供需在空间意义上的适配性。

（一）推动区域专业化

交通在区域发展中发挥着极为重要的作用。交通运输首先是对自然资源利用的优先度具有重要影响；其次，交通运输还影响生产力在空间上的布局状况。区域经济学家艾萨德认为，降低交通成本会促使生产模式从零散转变为集中，并且逐步分化和筛选出具有相对优势资源和贸易路线的区域。比如重要交通干线和沿线不断完善的束状运输设施，是引导并决定工业布局和产业带形成的关键因素。它不仅与运费、原料、产品运输有关，而且与人和信息资料的往来便捷程度有关，这种现象已被各国的实践所证明。

交通和通信的改善有利于区域专业化的形成，从而提高生产力和空间互动，促进供需在空间意义上的适配（Rodrigue，2020）。交通运输是实现社会产品交换的必要条件，是实现不同区域经济联系的桥梁和纽带。经济实体通常倾向于以资本、劳动力和原材料的最适当组合来生产商品和服务。因此，只要有适当的交通运输来支撑贸易，一个地区将倾向于生产该地区具有最大的优势（或最小的劣势）的商品和服务。高效的交通运输将支持区域专业化的形成，从而提高经济生产力。这一过程就是在经济理论中被称为比较优势，可以实现区域经济专业化。

交通运输带来的出行时间和成本的减少以及服务改善，扩大了每个利用交通服务的公司的市场。这种市场扩张将不同地区的经济联系起来，从而带来的重大变化就是从地方和区域的自给自足转向商业分工越来越专业化和贸易的增长，以及随之而来的生产力提高（Lakshmanan，2011）。经济分工和生产专业化进一步加强了物质、人员和信息的流通，经济上的劳动分工导致了地区劳动分工。地区劳动分工取决于与地点有关的生产成本和交通体系的运输能力。这样，一个地区劳动分工以及相应的交通体系，形成了一个具有不同规模和不同作用的区域中心。

（二）缓解区域发展不平衡

交通运输服务作为准公共产品对促进国土开发、改善民生、促进公平正义有着非常重要的作用。交通运输大量使用基础设施，使得交通部门成为经济的重要组成部分，也成为了刺激经济发展的通用工具（Rodrigue，2020）。

交通基础设施存在空间溢出效应，基础设施的收益不仅仅出现在投资地区，还将分散到其他地区（Deng，2013）。因此，在存在空间溢出效应的情况下，一个地区可能会因为邻近区域进行的交通投资而受到影响。正面的溢出效应来自交通基础设施的网络效应（Deng，2013）。由于不同地区的经济活动在空间上存在相互联系，因此经济影响可以通过运输网络扩散。提供新的交通链接或升级现有的链接不仅可以改善投资所在区域的可达性，而且还可以改善交通网络中涉及的其他区域的可达性。负面的溢出效应来源于对生产资源的空间竞争（Deng，2013）。交通基础设施存量的变化，作为决定区域竞争力的重要因素，可能会触发区域间的经济竞争。

一些学者认为可以利用交通基础设施的空间溢出效应来缓解我国区域发展不平衡的问题（Roberts et al.，2012；Mikesell et al.，2015；Tong and Yu，2018）。根据对中国各省1999—2011年按时间序列分析，Mikesell等人（2015）发现，城市交通基础设施投资存在空间溢出效应，不仅促进投资所在地的经济增长，而且对周边邻近省份也有重要影响。通过研究中国24个省的时间序列数据，Demurger（2001）指出各省经济增长表现的差异很大一部分来源于各省地理位置、交通基础设施以及电信设施上的差异。其中，交通变量是最常出现的导致经济差异化的因素。而适当的交通基础设施可以突破各地区的自然条件限制，有助于促进各省之间以及与外界的交流（Demurger，2001）。因此，改善交通基础设施被认为是更广泛的推进中国各省经济增长和城市化进程的关键因素（Zhang，2008）。Tong和Yu（2018）认为，根据货运交通的经济贡献，应该优先提升中部地区的交通运输系统。最重要的是，改善中部地区的交通状况不仅有利于其自身的经济发展，而且还增加了东西部地区之间的资源流动性，从而产生了积极的交通溢出效应（Shi et al.，2016）。

今后更长时期，为了促进区域协调发展，推进基本公共服务均等化，需要使交通基础设施覆盖经济较为落后的贫困地区，此类地区多数资源禀赋较差、地理条件复杂，经济发展水平较低，缺少交通基础设施，对交通基础设施的公益性要求更强。

四、交通在供需体系中的定位

交通运输连接生产者和消费者，是国民经济和社会发展的基础性、先导性产业和服务性行业。交通运输的供给是依赖于交通基础设施网络所提供的服务性供给，是供给体系的一部分。优化交通运输服务的供给，能够节省交易成本，从而提高有效经济总量。交通运输的需求主要是由其他经济社会活动带来的派生性需求。因此，交通运输服务的供给和需求在一定程度上反映了宏观经济的供需关系。

（一）交通运输是基础性、先导性产业和服务性行业

交通运输是基础性、先导性产业和服务性行业，是经济社会发展的“先行官”。交通运输是任何经济社会活动赖以存在的基础，无论是宏观还是微观经济活动，无论是人们的生产活动，还是社会活动及文化交往。如果没有交通运输及其提供的流动性，就无法开展经济社会活动。因此，运输成本、容量或性能等方面产生相对较小的变化也可能会对经济活动产生重大影响（Rodrigue，2020）。交通运输的核心，也就是物理特征，是运送旅客和货物的实际能力以及支持这种流动性所需的相关成本。这是交通对经济最基本的作用，保障经济实体之间现有或新的交互。

交通运输的先导性是由交通运输与经济发展的相互关系所决定的。当交通运输能适应经济发展的需要时，交通运输在自身进步的同时对经济发展起着推动作用；当交通运输滞后于经济发展时，就会对经济发展起拖滞作用；

当经济飞速发展而产生量大质高的运输需求时，经济发展就会反作用于交通运输，迫使交通运输的快速变革和发展，带动交通运输全面融入经济发展之中。生产力水平越高、越现代化，就越要求基础结构超前发展。在现代化的时代里，经济社会对交通运输的要求从本质上应是超前的。在现代化大生产条件下，无论是企业的生产，还是新经济区的开发、新项目的动工以至改革开放政策的贯彻执行，都必须先具备相应的交通运输条件才能顺利进行。

交通运输服务的供给依赖于交通基础设施系统。交通基础设施系统的发展决定交通网络的发达程度、通达水平、技术结构水平，是交通运输发展水平的主要决定因素，具有基础性；交通运行与运输服务系统是交通运输服务的最终产出系统，其必须依托交通基础设施系统进行运输组织生产或交通运行。交通基础设施受资源、投资、网络化等因素的限制，具有一定的垄断特性。同时，交通基础设施具有较强的基础性，要确保公共利用。

随着社会的不断发展，为了能够满足生产发展及市场的需要，交通运输作为服务性行业，在市场经济中发挥巨大的作用。一是通过有效提高整个交通运输业的服务质量，能够改善我国市场经济中各个区域的联系，可以有效地组织乘客以及货物的运输，并能够极大地满足社会对于交通运输的需求；二是在一定程度上对社会经济起到推动作用，通过将各个地区间的经济联系在一起，从而推动实现共同富裕的发展要求。

（二）交通运输供给是服务性供给

交通运输产品的供给是服务性供给。马克思曾指出：“商品在空间上的流通，即实际的移动，就是商品的运输。运输业一方面形成一个独立的生产部门，从而形成资本的一个特殊的投资领域。另一方面，它又具有如下的特征，它表示为生产过程在流通过程内的继续，并且为了流通过程而继续。”交通运输业是一个特殊的物质生产部门，其生产过程不像工业农业生产那样，它不改变劳动或服务对象的物理、化学性质和形态，只是改变劳动或服务对象的空间位置。交通运输生产所创造的价值（时间效用和空间效用）附加于其劳动或服务对象上，而劳动或服务对象一般不属于交通运输业所有，其产品即旅客或货物的“位移”不具有实物形态，是服务的一种。交通运输业既为工业、农业、建筑业等生产服务，又为商业流通、人们的生活服务，也为国防军事服务。这种服务是连接城乡、发展地区以及国际间政治、经济、文化的纽带。

交通运输供给也是供给体系的一部分，通过优化交通运输服务的供给，能够节省交易成本，从而提高有效经济总量。从理论上讲，交通基础设施和服务的改善可以降低运输成本和增加可达性，这将直接降低投入要素的成本，增加私人投资，刺激贸易，创造就业机会，并间接提高劳动生产率以及教育和健康水平等，从而提高整体经济绩效（Deng，2013）。高效的交通系统具有成本低、时间短以及可靠性高等方面的优势，优化交通运输服务的供给使企业能够为其生产活动获得成本最低的投入物或生产要素，并可能以更优惠的价格进入更广阔的市场，从而提升生产、交换和消费的规模经济。通过进入更大更多样的投入基地（原材料、零件、能源或劳动力）以及更广泛多样化的产出市场（中间产品和成品），使得生产力得以提升（Rodrigue，2020）。

（三）交通运输需求主要为派生性需求

对于交通运输服务的需求大多是从其他经济社会活动中派生出来的，运输只是其实现目标的手段，而非最终目标。人们的出行活动，派生形成旅客运输需求。社会产品的交换，派生形成货物运输需求。经济社会发展是一个系统工程，相互支撑、互为关联，因此客货运输需求的影响因素难以完全割裂，总体来看，交通运输需求的影响因素主要有经济发展水平、产业结构、区域经济发展、城镇化、对外贸易和技术进步等。

影响客运需求的因素主要有：一是收入分配和消费结构，居民人均收入增加和整体消费水平提高带来交通消费支出增加、出行次数增加、出行距离增大，另外居民收入水平差异带来的居民消费水平和消费结构多元化，产生不同层次、不同类型的客运需求。二是区域经济发展和劳动力转移，区域间发展模式的不同和发展的不平衡，使区域间存在着经济社会的横向联系，带来了商贸流通的客运需求，同时劳动力的大规模转移带来不均衡的旅客运输需求。三是城市发展与城镇化带来了城市群、都市圈的形成与发展，导致中短途客流增长。四是现代交通新技术的发展和运用，满足了旅客的多样化需求，也为不同收入层级的旅客出行提供更多的出行方式，并引导部分潜在运输需求的释放。

影响货运需求的因素主要有：一是经济发展水平，货运需求是经济发展的一种派生性需求，决定了经济发展水平和运输需求之间具有很强的相关关系。二是国民经济产业结构和产品结构，不同产业、产品结构对运输需求的影响具有明显差异，生产不同产品所引起的运输量差别较大，不同产品的产运系统不同，不同产业构成对运输需求的数量和质量上要求不同。三是自然资源分布和生产力布局的不平衡，使物资流动的供需地点不平衡，从而对货运需求产生较大影响，既影响运输量的大小，又影响运输流向和运输距离。四是对外贸易，其对国际货运需求产生重要影响。五是技术进步，一方面技术进步会提高货物运输效率和降低成本，满足多样化的货运需求，进一步诱发社会对货物运输的需求；另一方面，能源、新材料、通信技术的发展可能给货物运输需求带来深刻的变革。

（四）交通运输的供需反映了宏观经济的供需关系

交通运输的基础性以及其需求的派生性，使交通运输的供需在一定程度上反映了宏观经济的供需关系。交通运输服务的供给依赖于交通基础设施。交通基础设施的数量和质量与经济发展水平密切相关：高密度的交通基础设施与高度连接的交通网络通常与高发展水平相关（Rodrigue，2020）。交通运输需求的变化一般是随着经济与社会的发展和进步而缓慢、可持续地进行的。

在任何情况下，交通基础设施对经济发展都很重要，但不同的交通基础设施在支持经济方面的相对重要性可能会发生变化（Rodrigue，2020）。随着经济的发展，产业结构逐渐从第一产业（资源开采）和第二产业（制造业）转向先进的制造业、分销业和服务业。这些经济部门依赖不同的交通运输系统（Rodrigue，2020）。依靠制造业的经济依赖于公路、铁路和港口等基础设施，而服务型经济则更加注重物流和城市交通的效率。Song等人（2014）利用时间序列数据来探索交通和冰山成本对中国产业结构的影响，发现交通服务的发展对第一产业发展的促进作用最强，其次是第三产业，对第二产业的促进作用最小，高速公路里程的增加有助于产业结构的转移，并且交通服务的发展对三个产业的影响都处在规模收益递增阶段。

随着生产力的发展以及社会的进步，对交通运输的需求从运输能力较大的运输方式到灵活、机动、快速的运输方式，对高质量的运输方式的需求程度不断提高。根据各种运输方式不同的技术性能，在不同的工业化阶段对不同交通运输的需求程度不同。从前工业化到工业化阶段再到后工业化，对运输方式需求从依靠单一运输到多种运输方式，再到需要各种运输配合、衔接更加紧密和合理的综合运输体系。在经济发展进入工业化后期阶段，经济增长对原材料的依赖将会减少，运输强度降低，运输需求在数量方面的增速放缓，但运输需求越发多样化，运输质量方面要求越来越高。

高效的交通系统在成本、时间以及可靠性等方面具有优势，使货物可以运输更远的距离，进入更大的市场，因此交通系统通过规模经济促进大规模生产。另外，供应链管理中的“准时”概念进一步提高了生产和分销的生产率，并带来如降低库存水平，更好地应对不断变化的市场条件等多种优势。因此，交通运输更有效，可以服务的市场就更大，生产规模也就更大，随之而来的是更低的单位运输成本。从经济需求方面来说，高效的交通系统带来了给定产品（或服务）的潜在市场的增加，导致更为激烈的竞争（Rodrigue，2020）。竞争往往会降低生产成本，提高质量和促进创新，因此消费者可以获得更多种类的商品和服务。经济全球化促进全球的竞争环境产生，并使消费者能够获得更广泛的商品和服务。交通运输与经济相互促进、相互作用、相互联系，这种关系使经济和交通运输融为一体。实际上，现代交通运输业本身已成为一种由人流、物流、能源流、信息流、资金流组成的运输化的流动性经济。

参 考 文 献

艾家凯，2018.新经济形态与流通治理规则［M］.北京：法律出版社.

曹玥，2020.高速铁路快捷货物运输组织研究［D］.北京：北京交通大学.

陈昌盛，等，2016.正确理解供给侧结构性改革［EB/OL］.（2016-03-29）［2023-11-01］.https：//www.gov.cn/xinwen/2016-03/29/content_5059241.htm.

陈卓，等，2021.基于陆路综合交通系统的中国城市网络通达性模拟及其对区域发展格局的影响［J］.地理科学进展,40（2）：183-193.

程世东,2009.关于交通运输资源优化配置的构想［J］.综合运输（6）:9-11.

樊纲，1993.公共选择与改革过程：不同改革道路实现原因的一种比较研究［J］.经济社会体制比较（1）：17-24.

樊怿霖，2018.交通基础设施投资、城镇化与地区产业升级的协调发展研究［D］.武汉：中南财经政法大学.

樊校，2019.“一带一路”倡议下中欧班列驮背运输发展对策探讨［J］.铁道运输与经济，41（7）：40-43.

傅志寰，等，2019.交通强国战略研究［M］.北京：人民交通出版社.

光辉，2016.我国“互联网+”交通服务的演进与政策［J］.中国流通经济，30（3）：39-48.

洪向华，等，2020.论国家治理体系和治理能力现代化的五重维度［J］.

大连理工大学学报（社会科学版）,41（3）：1–8.

金凤君，等，2008.中国区域交通优势的甄别方法及应用分析［J］.地理学报（8）：787–798.

葛晓鹏,等，2017.交通运输系统供给侧结构性改革探讨［J］.宏观经济管理（5）：46–50.

李连成，等，2017.交通运输2030［M］.北京：中国市场出版社.

刘秉镰，1999.现代经济增长与交通运输产业发展研究［M］.北京：中国经济出版社.

刘秉镰，等，2005.中国交通运输与区域经济发展因果关系的实证研究［J］.中国软科学（6）：101–106.

刘凤义，等，2019.马克思主义政治经济学与西方经济学关于供求关系分析的比较：兼谈我国供给侧结构性改革［J］.经济纵横（3）：8–15，2.

刘建强，2001.我国交通运输业与国民经济关系统计研究［D］.上海：上海海运学院.

罗斯托，2001.经济增长的阶段：非共产党宣言［M］.郭熙保，王松茂，译.北京：中国社会科学出版社.

柳卸林，等，2017.寻找创新驱动发展的新理论思维：基于新熊彼特增长理论的思考［J］.管理世界（12）：8–19.

马德隆，2019.交通基础设施投融资基本经验与未来展望［J］.宏观经济管理（8）：39–44.

马克思,等，1972.马克思恩格斯全集［M］.;中共中央马克思恩格斯列宁斯大林著作编译局,译.北京：人民出版社.

马克思,等，1975.资本论［M］.;中共中央马克思恩格斯列宁斯大林著作编译局,译.北京：人民出版社.

诺思，1994.经济史中的结构与变迁［M］.陈昕，陈郁，译.上海：三联书店上海分店，上海人民出版社.

冉净斐，2008.流通发展与消费增长的关系：理论与实证［J］.商业时代（1）：11-12，26.

任红梅，2016.马克思经济学与西方经济学供给需求理论的比较研究［J］.西安财经学院学报，29（6）：10-15.

荣朝和，2006.重视基于交通运输资源的运输经济分析［J］.北京交通大学学报（社会科学版）（4）：1-7.

石佳丽，2010."有效需求"与"适度需求"［D］.天津：天津财经大学.

王千，2016.新经济时代的价值创造［M］.北京：经济科学出版社.

王久梗，2007.关于交通资源概念和特征的探讨［J］.综合运输（7）：9-11.

汪玚，2016.广东粤运：农村客运+小件快运的"双链"延伸［J］.交通建设与管理（24）：62-63.

吴文化，等，2019.我国枢纽经济发展理论与实践［M］.北京：经济科学出版社.

吴华清，2020.新经济概论［M］.合肥：合肥工业大学出版社.

向爱兵，等，2010.交通运输资源配置中政府和市场作用定位初探［J］.综合运输（4）：4-8.

杨瑞龙，1994.论我国制度变迁方式与制度选择目标的冲突及其协调［J］.经济研究（5）：40-49，10.

杨树乾，2008.产业结构变动对货运需求的影响分析［D］.西安：长安大学.

袁静，2007.交通运输供需结构均衡研究［D］.西安：长安大学.

约瑟夫·斯蒂格利茨，等，2017.增长的方法：学习型社会与经济增长的新引擎［M］.陈宇欣，译.北京：中信出版社.

约瑟夫·熊彼特，2020.经济发展理论［M］.何畏，易家详，等，译.北京：商务印书馆.

丁锐，等，2021.西部陆海新通道城市网络结构特性及其韧性研究［J］.北京师范大学学报(自然科学版)，57（6)：794-802.

张辽，2013.要素流动、产业转移与区域经济发展［D］.武汉：华中科技大学.

张楠楠，等，2005.高速铁路对沿线区域发展的影响研究［J］.地域研究与开发(3)：32-36.

张鹏军，1999.试论政府主管部门在实现运输资源优化配置中的作用［J］.综合运输(11)：8-11.

张勋，等，2018.交通基础设施促进经济增长的一个综合框架［J］.经济研究,53（1)：50-64.

张乔，等，2020.国土空间规划体系下的综合交通规划转型思考［J］.华中建筑，38（1)：87-91.

朱克力，2016.读懂新经济：战略图景与行动路径［M］.北京：中信出版集团股份有限公司.

DÉMURGER S, 2001. Infrastructure Development and Economic Growth: An Explanation for Regional Disparities in China? [J]. Journal of Comparative Economics, 29 (1): 95-117.

DENG T, 2013. Impacts of Transport Infrastructure on Productivity and Economic Growth: Recent Advances and Research Challenges [J]. Transport Reviews, 33 (6): 686-699.

LAKSHMANAN T, 2010. The broader economic consequences of transport infrastructure investments [J]. Journal of Transport Geography, 19 (1): 1-12.

MIKESELL L. J, et al., 2015. Impact of Transportation Investment on Economic Growth in China [J]. Transportation Research Record, 2531 (1): 9-16.

RODRIGUE PAUL J, et al., 2013. The Geography of Transport Systems [M].

Oxfordshire : Taylor and Francis.

ROBERTS M, et al., 2012. Evaluating China' s road to prosperity: A new economic geography approach [J]. Regional Science and Urban Economics, 42 (4): 580-594.

SHI W, et al., 2016. A cross-region analysis of the output elasticity of transport investment in China [J] . Maritime Policy & Management, 43 (2): 222-241.

SONG M, et al., 2014. Transportation, iceberg costs and the adjustment of industrial structure in China [J] . Transportation Research Part D, 32: 278-286.

TONG T T, et al., 2018. Transportation and economic growth in China: A heterogeneous panel cointegration and causality analysis. [J] .Journal of Transport Geography, 73: 120-130.